T0130519

Originel publié en anglais sous le titre : *The Ministry of Christ* par Frank Breisch
Publié par Christian Schools International
3350 East Paris Ave. SE, Grand Rapids, Michigan, 49512-3054, U.S.A.

Le développement de *The Ministry of Christ* a été rendu à la possible avec des subventions de Christian Schools International Foundation et de la Canadian
Christian Education Foundation, Inc.

L'autorisation pour la traduction, publication, distribution, ventes et redevances pour la traduction kriol française du *The Ministry of Christ* ont été accordée gratuitement par
Christian Schools international a Raymond Brinks comme éditeur et Project Canefire, Inc.

Le développement de *Ministe Kris La* été rendu à la possible avec des subventions de Project Canefire, Inc.

Commander ce livre en ligne à www.trafford.com.
Ou par courriel à orders www.trafford.com

La plupart de nos titres sont aussi disponibles dans les librairies en ligne majeures.

Avis aux bibliothécaires: un dossier de catalogage pour ce livre est disponible à la Bibliothèque et Archives Canada au : www.collectionscanada.ca/amicus/index-f.html
Imprimé à Victoria, BC, Canada.

ISBN: 978-1-4669-0122-3 (sc)
ISBN: 978-1-4669-0123-0 (e)

*Notre mission est de fournir le service d'édition le plus complet et de permettre à nos auteurs d'avoir du succès. Pour découvrir comment publier votre livre à votre façon, veillez visiter notre site web à www. trafford.com/2500*

*Trafford rev. 10/12/2011*

www.trafford.com
**Amérique du Nord & international**
sans frais: 1 888 232 4444 (États-Unis et Canada)
téléphone: 250 383 6864 ♦ télécopieur: 812 355 4082

# LIV 2

# MINISTÈ KRIS LA NAN LAVIL JERIZALEM

François Breisch: Otè

Reinaldo Bourdeau: Tradiktè

Joseph Leveillé: Revize

Marie Pierre Philippe : Revizè

Raymond Brinks: Editè

# MINISTÈ KRIS LA NAN LAVIL JERIZALEM

Originel liv sa a te pibliye pa The National Union of Christian Schools (men kounyea Christian Schools International) 3350 East Paris Ave. SE, Grand Rapids, Michigan, 49512-3054,U.S.A. Tes Biblik nou itilize yo se Vèsyon Bib La nou pwan yo, *Paròl Bondié an Ayisyin* de Societe Biblique Haïtienne nan Haïti.

# > Let Pastorel

>
> Mwen te komanse travay nan Repiblik Dominiken nan ane 1980. Misyone Legliz Kretyen Refome nan peyi Potorik te fe kek vizit akoz kek let yo te voye nan pwogram radyal, "Le Reforme". Let sa a se moun ki kretyen ki tap travay nan koupe kann ki te voye'l. Yo te mande ed ak vizit Legliz Kretyen Refome o Zetazini. Nou te asepteenvitasyon pou vinn fe yon travay misyone pwemyeman ak ouvriyeAyisyen yo ansanm ak fanmi yo.

> Antouzyasm moun yo ak devosyon kretyen yo te oblije nou etabli e konstwi plizye Legliz anpil kote nan peyi a: Monte Plata, Sabana Grande Boya, San Pedro, La Romana, Santiago, Barahona e nan kapital e kek lot kote anko.

> Te gen yon gwo repatriyasyon nan lane 1990-1991 ki fe anpil Ayisyen e Legliz konplet de retounen an Ayiti. Yo te ale ak lanmou Jezi nan ke yo e konesans doktrinal e biblik nan peyi natif natal yo. Apwe sa yo te fome pwop misyon yo an AYITI e yo te fe relasyon ak lot legliz tou an Ayiti.

> Pesonelman mwen menm ak madanm mwen, lot misyone e spesyalman paste ayisyen nou te vizite Ayiti. Tout lide Kretyen Refome yo te komanse etabli Legliz Kretyen Refome an Ayiti. Se pou tout fre ak se sa yo mwen dedye liv sa a ki pale sou travay Jezi e koman lavi'l te fini sou te a pou tet nou.

> Kek misyone an Ayiti te ensiste pou nou te komanse travay an Ayiti pou kapab sevi tout kretyen san distenksyon. Pou tet sa, liv sa a mwen ofwi'l pou tout kretyen ayisyen san distenksyon, tout moun ki bezwen konnen travay Jezi te fe Gran Met nou an.

*Raymond Brinks*

# KONTENI

# Pwolog

***Ministè Kris La Nan Lavil Jerizalem*** se dezyèm liv nan seri ***Ministè Kris la.*** Liv sa a pale nou sou tout sa te pase nan Semèn yo te fè Jezikris soufwi anpil la ak travay Apòt nan lavil Jerizalèm jis rive nan moman yo te touye Etyèn.

Chapit yo divize an twa seksyon, chak gen yon tèm santral. Leson kòmanse ak kèk kèsyon pou prepare klas la, **"Keksyon Pou Preparasyon"**, avèk entansyon pou kondwi etidyan yo nan lekti yap fè. Pasaj biblik yo para repete nan chak chapit; men pito nou anseyen montre sak ki enpòtan nan pasaj la, an menm tan eksplike kèk pati ki difícil pou konprann. Nan chak leson nou mete de gwoup kèsyon. **"Kèsyon Sou Etid La"** pou kapab ede etidyan yo aprann bagay ki prezante nan pasaj biblik yo ak nan chak chapit. Kèsyon opsionèl, **"Pou Etid Simplemante"** sa vle ou dwe etidye kèk lot liv adisyonel, lè sa a nou di ou nan finisman pou yon etid adisyonel.

Nou santi nou gen yon dèt ak Rev. Francis Breisch, Jr. paske originel liv sa a se li kite ekri li. Lòt moun te travay ak Paste Raymond Brinks pou tradui liv sa na Kreol Fances. Yo menm se Reinaldo Bourdeau, Joseph Leveillè, Marie Pierre Phillippe.

Espwa otè a ak tout editoryél yo se pou ***Ministè Kris nan Jerizalem*** kapab ede etidyan yo fé yon etid twé fen atache ak Bib la. Nou espere ke pandan wap li liv sa li kapab fé plezi y ba ou plis fos nan relasyon ou ak Bondye chak jou.

Nou di mesi ak tout moun ki te bay patisipasyon yo na tradiksyon, nan korèksyon, nan donasyon lajan, ak nan tape dokiman sa a.

*Project Canefire, Inc.*

# Pati 1
## EGZIJANS LÈV KRIS LA MANDE YO

---

## CHAPIT 1
### YO TE FE YON SOUPE POU JEZI

Li Jan 11: 54-12:11

### KEKSYON POU PREPARASYON

1. Poukisa Jezi te retounen lavil Jerizalèm?
2. Poukisa Mari te vide pafen sou pye Jezi?
3. Kòman evennman yo ki te pase Betani yo te afekte lenmi Jezi yo?

### ENTWODIKSYON

Nan leson ki nou pase deja yo nou te fè yon etid sou lèv Jezikri a jouk nou prèske rive nan epòk Pasyon l' la. Nou te wè kòman Bondye te voye Pitit li a nan lemonn, kòman Jezi te enstale lèv li an piblik, epi kòman li devlope l'. Jezi te pwoklame otorite l' kòm mesi a avèk pawòl e aksyon pandan tout misyon li nan fou la. Depi li kòmanse misyon l' la, gran chèf gouvènè Jwif yo pat dakò ak deklarasyon l' yo. Tout tan Jezi te fè demann li yo pi klè e pi serye, gouvènè yo montre yo pi pa dakò avè li ak plis vyolans.

Nan leson sa a nou pral kòmanse etidye senmenn pasyon an, ki fini ak lanmò Jezi sou lakwa a. Amezi lè lanmò l' la ap apwoche, Jezi prezante pretansyon li tankou yon nonm vanyan san repwòch. Men moun ki te kont li yo te kontinye refize yo epi an menm tan an tou, yo t'ap chache mwayen pou elimine lèv li a. Nou pral fikse atansyon nou plis sou pwoblèm ki gen nan faz sa a. Pwochennman nou pral gade rezilta yo sou lit sa a—krisifiksyon Seyè nou an.

Petèt li difisil pou detèmine lòd evennman ki pase yo nan senmenn pasyon an. Malgre, prèske mwatye nan tou sa kat levanjil yo di a se sou menm senmenn sa a, evangelis yo pa fè anpil o prèske okenn pwojè pou prezante yon rezime istorik sou evennman yo. Yo chak te chwazi detay yo ki sanble ki te pi dakò ak istwa Kris la, yo t'ap fè plan yo, epi yo te ranje yo pou konpli ak sa. Nèg save yo te travay anpil pou ranje tout dokiman sa a nan lòd yonn apre lòt, men kwak sa jouk kounye a yo gen diferans nan opinyon yo.

Alfred Edersheim, yon nèg save ki te ekri gran liv yo te bay tit «***The Life And Times Of Jesus The Messiah***» (***Lavi E Tan Jezi Mesi A***), li te gwoupe evennman yo sou senmenn pasyon an pa jou. Li mete soupe nan ti bouk Betani an vandredi yon senmenn davans anvan lanmò Jezi a. Antre ak triyonf Jerizalèm nan te pase dimanch swivan. Netwayaj Tanp la ak maledichon pou pye fige a, yo te pase nan lendi. Madi se te yon jou ki te gen anpil aktivite; tout evennman ak anseyman yo pale sou yo depi soti nan chapit twa jouk rive nan chapit wit la te pase jou madi nan senmenn Pasyon an. Trayizon ak arestasyon an te pase jedi swa, e krisifiksyon an te fèt kòm vandredi konsa.

## 1. Yo Pral Lavil Jerizalem

Jezi te fè yonn ak peleren ki soti Jeriko yo k'ap pral nan tanp la. Te gen twa rezon pou Jezi te tounen lavil Jerizalèm. Premyè a, Jezi te konnen lanmò l' t'ap pwoche e li te dwe mouri lavil Jerizalèm. Dezyèm nan, se te dat Fèt Pak la. Epitou dat yo te selebre fèt ki pi inpòtan nan lane Jwif la, e Jezi te santi li dwe ale lavil Jerizalèm pou l' ka selebre li. Twazèm nan, pèp la te rann kont chèf relijyez yo te opoze kont lèv Jezi a. Epi yo te konnen tou, yo te bay lòd pou yo arete l'. Si Jezi pat prezante jou sa a, foul la t'ap panse se paske li pè farizyen yo ak eskrib yo ki fè li te kache. Jezi te vle evite fo panse sa a kontinye nan tèt yo.

## 2. Soupe Betani An

Pase pou Jezi te rive dirèkteman lavil Jerizalem, se Betani li te rive pito, menm kote li te leve Laza nan lanmò a. Pèp Betani an te tèlman kontan wè li yo fè yon fèt pou sa. Manje yo pale sou nan Jan douz la, pat yon manje esprèzeman pou Jezi, disip li yo, Mari, Mat ak Laza sèlman. Yo te selebre l' lakay Simon, nonm ki te gen maladi lalèp la (Mak 14:3), epi te gen anpil lòt moun tou ki te chita bò tab la avèk li (Jan 12:2). Lenmi Jezi yo te fè plan pou arete l' lè l' pat gen anpil moun avè li, paske yo te pè pèp la anpil. Yo pat janm jwenn opòtinite pou yo arete l' pandan li te nan bouk Betani an, paske li te toujou pami zanmi li yo.

Pandan Jezi t'ap soupe konsa, Mari te vide yon odè ki koute byen chè sou tèt li, valè l' te koute a, se te twasan «denè» plis ke 1200 goud konsa. Denè a se te lajan grèk li ye, li te vò ven santim an dola (0.20) ki vo 4.00 goud. Kado Mari a te koute chè anpil; byen souvan, yon travayè dwe travay tou yon jou pou l' ka touche yon denè.

Poukisa Mari te vide odè sou tèt Jezi? Nan yon lòt okazyon li te manifeste yon gran konpreyansyon sou anseyman Jezi yo e yon gran afeksyon pou li. Jezi te deja anseye disip li yo sou lanmò l' ki pral rive a. Li posib Mari te konprann sa pi byen pase douz disip yo. Li pwofite opòtinite sa a pou l' montre renmen li gen nan kè l' pou Jezi, lè l' te wen l' pou antèman l' la.

Jida pat dakò, li di se yon gaspiyaj lajan Mari t'ap fè. Nou wè isit la lanbisyon Jida te gen nan kè l' ki fè l' te rive trayi Mèt li. Jezi te defann Mari kont kritik ki te leve kont jès li te fè a. Nesesite pòv yo ta kapab satisfè nan nenpòt moman. Men Jezi te deja pa t'ap rete avèk yo pou anpil tan. Lè Mari lave pye Jezi a, li te montre devosyon l' anvè li.

Mari te genyen privilèj pou fè Jezi konnen dirèkteman lanmou li genyen nan kè l' pou li. Men nou menm nou pa gen menm opòtinite sa a. Sepandan, Jezi te di, «Kanta pòv yo, na toujou genyen yo avèk nou» (Jan 12:8). Nou kapab demontre lanmou nou genyen pou Kris la, lè nou pran swen pòv yo nan non li.

## 3. Opozisyon An

Peleren yo ki te vini nan fèt la yo pale anpil sou istwa jan Laza te leve soti vivan nan lanmò a. Pa konsekan, anpil Jwif te vini Betani pou wè Jezi ak Laza. Lè chèf prèt yo gade yo wè anpil Jwif te kwè nan Jezi, paske Laza se te sèvi yon bon temwen vivan pouvwa Jezi a. Alò, yo t'ap panse pou yo te touye Laza tou. Nan rotè gran chèf Jwif yo te pouse opozisyon kont Jezi a, demontre ki jan nati imèn yo a te tèlman peche.

## KEKSYON SOU ETID LA

1. Ki lè e ki kote evennmann yo ki nan leson sa a te pase?
2. Poukisa foul la t'ap mande si Jezi ap vini lavil Jerizalèm?
3. Poukisa Jezi t'ale lavil Jerizalèm fwa sa a?
4. Konpare sa Mari ak Mat te fè nan soupe a, avèk sa yo te di yo te fè nan Lik 10:38-42 a.
5. Esplike ki jan Jezi te aji konmsènan jès renmen Mari a?
6. Ki siyifikasyon Jezi te bay jès Mari a?
7. Pouki sa lenmi Jezi yo te vle touye Laza tou?

## POU ETID SIMPLEMANTÈ

1. Kisa leson an montre nou sou renmen, sou anbisyon ak enkredilite?
2. Bay kèk lide nan diferant fason nou kapab montre menm devosyon an anvè Jezi dapre sa Mari te demontre lè li te sakre pye l' yo.

# CHAPIT 2
## WA NOU AN AP VINI

Li Matiye 21:1-27

## KEKSYON POU PREPARASYON

1. Kòman Jezi te montre li se wa?
2. Ki kalite wa Jezi te manifèste li ye?

## ENTWODIKSYON

Opozisyon chèf Jwif yo kont Jezi a te leve poutèt deklarasyon l' te fè yo. Yo pa ta leve kont li, si li te satisfè pou l' rete kòm yon lòt rabi, senpleman. Men akòz li te di, se li ki Kris la. Li te fè pretansyon sa a parèt trè klè lè l' t'ap rantre lavil Jerizalèm ak triyonf li a.

## 1. Rantre Ak Triyonf La

Jezi te deja kite sekirite li te genyen Efrayim nan pou l' ale lavil Jerizalèm, se konsa yon jou apre soupe nan bouk Betani an, li te kontinye vwayaj li al lavil la.

Jezi te dwe kouri yon ti distans sèlman. Paske Betani te toupre ak lavil Jerizalèm, se pou sa tou, Jezi te pase tout lòt nwit yo nan senmenn Pak la Betani. Li te fè yon ti mache pou l' al lavil Jerizalèm chak maten, epi li te tounen Betani chak apremidi. Men vwayaj premye jou a te enpòtan anpil, paske soti depi Betani jouk pou rive Jerizalèm, se nan lè sa a Jezi t'ap prezante tèt li bay pèp Izrayèl kòm Mesi ki wa a.

Sa pat sifis pou yo ta asepte Jezi kòm wa. Men, li te nesesè tou pou pèp la ta konprann ki kalite wa Jezi te ye. Toudabò yon fwa yo t'ap chache fè l' wa, men li menm li t'ale lwen yo paske yo pat konprann vrè nati majeste l'. Kounye a, se Jezi ki fè yo wè byen klè gouvènman li se yon gouvènman espirityèl li ye.

Li te fè l' konsa pou jan li te rantre lavil Jerizalèm nan. Yo te konn itilize ti bourik la nan tan lapè, yo pat konn sevi avè l' pou batay. Lè Jezi rantre lavil Jerizalèm, sou ti bourik la, li te deklare li se wa ki vini pou lapè e li pa gen entansyon etabli yon gouvèman sou tè a tankou pi fò moun te panse. Men li te gen kèk lòt rezon ki trè enpòtan tou dèske li te chwazi yon bourik la. Rantre ak triyonf la se akonpliman pwofesi Zakari a, «Nou menm moun ki rete sou mòn Syon an, fè fèt, fè gwo fèt! Nou menm moun lavil Jerizalèn, rele, chante tèlman nou kontan! Gade! Men wa nou an ap vin jwenn nou! Li rann jistis san patipri. Li genyen batay la. Li san lògèy. Li monte yon bourik, yon ti bourik dèyè manman» (Zacari 9:9). Pandan Jezi t'ap rantre Jerizalèm nan, li te fè foul moun yo konnen se li ki Mesi Bondye te pwomèt la.

Men foul moun yo pat konprann siyfikasyon rantre Jezi a tout afè konplèt. Tout lavil Jerizalèm nan te tèt anba. Moun yo t'ap mande: «Kilès moun nonm sa a ye menm?» Repons la te senp, «Sa se Jezi pwofèt, moun Nazarèt peyi Galile a» (Mat. 21:11). Yo pat rekonèt li kòm Kris Bondye a, men senpman tankou yon gran pwofèt.

## 2. Otorite Wa A

Apre Jezi te fin prezante tèt li kòm Mesi ki wa a, li te demontre otorite wayal li. Li te netwaye tanp la, li te chase moun yo ki t'ap fè kòmès yo, chanjè lajan yo, menm jan li te fè sa okòmanse lèv li an piblik (Jan 2:13-22). Pita li fè tanp la tounen yon sant gerizon, paske li te geri avèg yo ak bwate yo ladan l'. Konsa li te konpli pwofesi Ezayi a, ki di «Je avèg yo pral louvri. Zorèy soudè yo pral debouche. Moun enfim nan pye yo pral sote ponpe tankou kabrit. Lang bèbè yo pral lage. Yo pral chante. Sous dlo pral pete toupatou nan tout dezè a. Dlo pral koule nan tout savann nan» (Ezayi 35:5-6).

Jezi te demontre grandè otorite l' nan yon fason ki trè ra, lè l' te modi pye fige a. Pye fige yo toujou donnen anvan yo fè fèy. Men pye fige sa a te chaje anpil fèy, epi li pat gen yon grenn fri. Sepandan Jezi te panse li t'ap jwenn fri ladann l' pou l' manje. Men li pat jwenn anyen. Pye fige sa a se te yon tablo pou moun ki relijyez sou po yo; men ki pa gen krent pou Bondye nan kè yo reyèlman. Lè Jezi te modi pye bwa sa a, imediatman li cheche e li te mouri. Demonstrasyon pouvwa sa a Jezi genyen sou lanati a, te fè disip yo sezi. Jezi te fè yo konnen ke yo va gen menm otorite sa a tou, si yo gen lafwa. «Si nou gen konfyans nan Bondye, na resevwa tou sa na mande l' nan lapriyè» (Mat. 21:11).

## 3. Yo Bay Otorite Wa a Defi

Demonstrasyon sou otorite Jezi a pat konvenk chèf prèt yo ni ansyen yo. Je yo te tèlman fèmen yo pat wè verite a ni yo pat asèpte Jezi nonplis. Paske yo te pemèt pèp la kontamine tanp la; men lè Jezi te netwaye l' pou l' itilze l' pou bon bagay, yo te gonfle kè yo ak renkin. Epi lè yo te tande timoun yo ap chante kè «ozana» avèk foul la pou bay Jezi lwanj lè l' t'ap rantre nan vil la, yo te endiye, epi yo te egzije Jezi fè yo pe bouch yo. Pase li te fè sa, Jezi te pase yo nan betiz lè l' fè yo sonje sa Ansyen Testaman an di: «Eske nou pa janm li sa pawòl la di nan liv la: Ou fè timoun piti ak tibebe nan tete fè gwo lwanj pou ou» (Matye 21:16).

Pou fini, advèsè Jezi yo te bay otorite Jezi a defi byen klè. Yo te vin bò kote l' nan tanp la pou yo reklame l' avè ki otorite li te fè sa l'ap fè yo. Pase Jezi te reponn yo dirèkteman, li te mande yo: «Ki moun ki voye Jan Batize moun? Bondye osinon moun?». Lenmi li yo te rete nan wòl yo paske yo pat ka di Jan pat pwofèt paske pèp la te respekte l' anpil. Men si yo admèt li se pwofèt, Jezi ta mande yo ankò poukisa nou pa kwè nan temwayaj Jan te bay sou Jezi a (Matye 21:23-27). Yo pito rete san yo pa bay okenn repons. E sa demontre yo pa t'ap mache chache laverite. Yo t'ap chache mwayen pou twonpe Jezi senpleman. Yo te rebèl se poutèt sa yo te pran rezolisyon jete kom yon wa ki jis.

## KEKSYON SOU ETID LA

1. Kòman Jezi te jwenn ti bourik li te monte a?
2. Kòman pèp la te demontre afeksyon l' pou Jezi?
3. Poukisa Jezi te monte yon jenn ti bourik?
4. Kisa Jezi te fè nan tanp la?
5. Poukisa chèf prèt yo ak eskrib yo te santi yo ofanse?
6. Poukisa Jezi te modi pye fige a?
7. Ki leson Jezi te tire sou demonstrasyon pouvwa sa?
8. Ki leson siplemantè ki rejitre nan Mak 11:25? Ki relasyon de leson sa yo genyen?
9. Kòman otorite yo te bay Jezi defi?
10. Ki repons Jezi te bay otorite yo?

# POU ETID SIMPLEMANTÈ

1. Kòman li te posib pou moun ki t'ap rele chante «ozana» yo tou dakò vin chanje trè rapid konsa nan «krisifye l'»?
2. Fè deskripsyon yon evennman kote yon jenn moun jounen jodia ka chanje atitid li anvè Kris nan menm fason pèp lavil Jerizalem nan te chanje a.

# CHAPIT 3

## SI MWEN TA LEVE

Li Jan 12:20-50

## KEKSYON POU PREPARASYON

1. Kisa Jezi te montre sou lanmò li?
2. Ki reyaksyon ki te leve kont anseyman sa a?
3. Poukisa lèzòm pat kwè nan Jezi?
4. Kisa Jezi te vin fè?

## ENTWOKIDSYON

Se pat anven Jezi te manifeste gran pretansyon yo lè l' t'ap antre nan lavil Jerizalèm nan. Zanmi l' yo, lenmi li yo ak foul la, yo tout te konprann inpòtans evennman sa a. Nan chapit sa a nap zamine kèk reyaksyon pèp la, lè Jezi te antre nan vil Jerizalèm.

### 1. Jezi Ak Grèk Yo

Pami foul moun ki vini Jerizalèn pou adore yo, te gen kèk mèt lalwa Grèk, moun ki te asepte relijyon Jwif la. Yo te tande anseyman Jezi a epi yo te vle konnen li pou pale avè l' pèsonèlman. Alò, yo te al bò kote Filip pou fè l' demann nan. Li menm tou, touswit li pale ak Andre, e toulede ansanm yo te di Jezi sa. Jan pat di klè si Jezi te wè Grèk yo, men li sanble repons li te bay la se te pou Grèk yo pi byen pase disip yo.

Grèk yo te konvèti an patizan akòz etid yo te fè sou Ansyen Testaman an, kounye a yo te emosyone pou jan yo wè Jezi ap anseye a. Li fè yo konnen travay li t'ale pi lwen pase anseye. Se menm jan tankou yon grenn ble yo plante pou bay donn yon nouvo zepi ki gen anpil grenn, se konsa Jezi te gen pou l' mouri pou bay lèzòm lavi.

Lanmò Jezi ki te prèt pou rive a te tèlman reyèl pou li pandan li t'ap pale sou sa, nanm ni te twouble. Men, sepandan, li te reziye l' pou l'mouri. Epi se poutèt sa ki fè l' te vin sou latè. Pandan Jezi t'ap pale sou lanmo l', Bondye Papa a pale depi nan syèl ankò pou l' konfime travay Jezi a.

Kwak Jezi te tande vwa Papa a, men foul la pat tande l'. Yo te esplike sa nan diferant fason. Jezi te esplike yo sa vwa a vle di. Li te di yo, li te vini pou bay temwayaj sou «*Misyon*» l' kòm Mesi a, epi kounye a lanmò l' pa lwen pou rive. Panse sou yon Mesi ki pral mouri a konfonn pèp la. Paske yo te montre ke Mesi a pral viv pou tout tan. Yo te mande Jezi pou li ta ba yo plis esplikasyon sou sa. Kòman Jezi ta kapab fè Mesi a, si li menm ankò li pale sou tèt li kòm «Moun Bondye voye nan lachè a» ki dwe «leve soti vivan nan lanmò» (Jan 12:34)? Nan menm repons la, Jezi mande yo pou yo kwè nan li. Sak fè yo chawzi a paske yo enkredil anpil. Si yo te asepte l' kòm Limye Monn nan, yo ta konvèti nan pitit Limyè a.

## 2. Jezi E Pèp La

Jan te ban nou yon rezime kout sou jan foul la te aji anvè Jezi. Nan yon sans global, pèp la pat kwè nan li. Sa pat pase poutèt yo te manke prèv, Jezi te deja fè anpil mirak nan prezans pèp la. Sa pase konsa pi byen paske yo pat gen volonte pou resevwa mesaj li a. Bondye pat ankò louvri je yo, ni li pat ankò fè kè yo sansib. Nou rive gen lafwa nan Jezi sèlman pa lagras Bondye, e moun sa yo te etranje nan gras divin nan.

Te gen kèk Jwif ki te kwè nan Jezi; men yo pat konfese sa ouvètman. Paske gen kèk nan yo ki te nan gwo plas nan sosyete a. Si yo ta konfese se disip Jezi yo ye, yo t'ap pouse yo mete yo deyò nan tanp yo, tout lòt Jwif ta meprize yo e y'ap pèdi gwo plas yo a.

## 3. Jezi E Papa A

Li trè enpòtan pou moun yo ta konprann Jezi pat vini nan monn nan pou pwòp volonte pa li. Se sèvite Papa a li ye, alò li reprezante Papa l'. Li pat pale sou baz pwòp otorite l', osinon nan pa Papa l' la. Se poutèt sa nenpòt moun ki refize Jezi se Papa a ou refize tou, e nenpòt moun ki asepte Jezi se Papa a ou asepte. Verite sa a gen anpil inpòtans jodia tankou lè Jezi te isit la nan lachè a.

# KEKSYON SOU ETID LA

1. Ki moun Grèk yo te mansyone nan leson sa a yo te ye?
2. Poukisa Grèk yo te vle wè Jezi?
3. Kisa ki etabli relasyon ant vèsè 23 ak 24 nan Jan 12?
4. Ki rekonpans ki genyen pou yon moun k'ap sèvi Jezi?
5. Poukisa nanm Jezi te twouble?
6. Poukisa Papa a te pale depi nan syèl la?
7. Kisa ki ta rezilta lanmò Jezi a?
8. Esplike kòman Jezi te reponn keksyon nan Jan 12:34 nan vesè 35 ak 36 yo.
9. Poukisa foul moun yo pat kwè nan Jezi?
10. Esplike ki relasyon ki genyen ant lafwa nan Bondye ak kwè nan Jezikri.

# POU ETID SIMPLEMANTÈ

1. Poukisa Filip te pale ak Andre anvan li te prezante Grèk yo devan Jezi?
2. Nan ki okazyon Papa a te pale ak Jezi nan yon vwa ki pale nan syèl la? Eske gen kèk bagay ki ini evennman sa yo?
3. Eske disip ansekrè yo se te vrè kretyen yo te ye? Jan 12:42 ak 43.

# CHAPIT 4

## WÒCH MOUN K'AP BATI YO TE REFIZE A

Li Matye 21:28-22:4

## KEKSYON POU PRAPARASYON

1. Kisa twa parabòl nan leson sa a genyen ankomen?
2. Kisa Jezi te montre nan twa parabòl sa yo?

## ENTWODIKSYON

Te manke kèk jou pou yo t'al krisifye Jezi. Depi lontan, menm nan kòmansman lèv Jezi a, li te fè rankont ak opozisyon gran chèf Jwif yo. Farizyen yo ak sadiseyen yo pat janm vlè kwè nan ansyèman l' la, malgre pèp la te gwoupe yo toutotou l' pou koute li. Tout okontrè, yo te refize sa l' te vle fè yo konprann nan; lè fini, yo te deklare yon konplo kont li, yo te di tou nenpòt moun ki ta deklare Jezi se Kris la, se pou yo mete l' deyò nan sinagòg yo.

Anpil fwa Jezi te akize farizyen yo, sadiseyen ak eskrib yo, se yon bann ipokrit k'ap fè tèt yo pase pou bon moun. Menm jan nou wè nan yon entèviyou ki vin apre netwayaj tanp la, moun sa yo, yo menm yo pat gen enterès pou konnen laverite. Nan yon sèl bagay yo te enterese, se te pou yo touye Jezi.

Jezi ki te wè byen klè chèf relijyez sa yo pa pral chanje atitid yo nan anyen. Li kòmanse di yo kisa ki pral pase akòz mouvman opozisyon y'ap mennen kont li a. Li te avèti yo nan twa parabòl, li te di yo. Nan yo chak li te ba yo yon aspè diferan laverite a; men yo tout ansanm bay yon leson.

## 1. Nan Sèvis Bondye

Parabòl sa yo ban nou yon imaj sou sa sa vle di sèvi Bondye. Nan premye a, sèvis sa a prezante senpleman tankou al travay nan jaden rezen an. Dezyèm parabòl la fè konnen sèvis Bondye a pote yon rekonpans; yo deja konprann agrikiltè yo te gen dwa pran yon pati nan fwi jaden an. Nan twazyèm parabòl la travay Seyè a prezante tankou rejwisans san tach la, se tankou nòs yo ki selebre avèk yon gran fèt. Travay la ak lajwa a ki melanje nan sèvis Bondye a gen yon relasyon etwat. Rejwisans la pa sèlman vini tankou rezilta travay la; men tou, travay pou kont li agreyab, «Bi prensipal lavi lòm genyen, se bay Bondye glwa e rejwi nan li pou tout tan» (Katechis Minè Westminster).

## 2. Yo refize Bondye

Nou wè tou, kòman lezòm refize Bondye. Premye parabòl la pale sou moun sa yo ki gen dezi sèvi Bondye; men an reyalite yo pa konnen li. Dezyèm nan pale klè sou moun yo ki bay Bondye defi epi ki revolte kont li. Nan twazyèm nan yo pale sou de kalite moun enkredil. Yonn nan yo se moun yo ki gen tèt di ki panse resevwa benediksyon delivrans la san yo pa abandonne peche, ni asepte lajistis Bondye te bay pa mwayen Jezikri a.

## 3. Anfas Bondye

Pou fini, parabòl sa yo pèmèt nou wè rezilta dezobeyisans la kont Bondye. Nan premye a, moun ki dezobeyi yo rete deyò nan gouvènman Bondye a, sepandan lòt sa ki obeyi yo antre. Nan dezyèm nan, agrikiltè rebèl yo pa kraze sèlman, men yo wete gouvènman Bondye a nan men yo, epi yo pase l' bay lòt. Nan twazyèm parabòl la, moun k'ap kenbe tèt ak Bondye yo detwi, e yo mare moun lògèy yo e yo mete deyò nan gouvènman Bondye a. Nan chak ka sa yo nou kapab wè byen klè dezobeyisans la pote pinisyon pou moun sa yo.

# KEKSYON SOU ETID LA

1. Kisa ki te ankouraje Jezi bay parabòl sa yo?
2. Esplike parabòl sou de pitit yo?
3. Kisa jaden rezen an vle di? Gade Sòm 80:8-11.
4. Idantifye moun ki mèt tè a, domestik yo, pitit la ak lòt travayè malveyan yo.
5. Poukisa parbòl travayè malveyan yo la?
6. Poukisa envite yo te refize vini nan nòs la?
7. Kilès moun yo reprezante?
8. Kilès moun ki te vini nan nòs la? Kilès moun yo reprezante?
9. Ak kilès moun nonm ki antre nan nòs la san rad nòs la sanble?
10. Kisa parabòl sa yo montre nou sou sèvis Bondye a?
11. Kisa yo montre annegad moun yo ki refize Bondye?
12. Kisa rezilta yo montre annegad dezobeyisans ko Bondye?

# POU ETID SIPLEMANT

1. Kisa ki manifeste sou Bondye nan parabòl sa yo?
2. Ki aplikasyon parabol de pitit yo genyen nan lavi ou?

# CHAPIT 5

## Y'AP EXAMINE L'

### Li Mak 12:13-44

## KEKSYON POU PRAPARASYON

1. Poukisa farizyen yo ak sadiseyen yo te entèwoje Jezi?
2. Kisa ki te rezilta keksyon sa a?
3. Kilès pratik relijyez Jezi te evite?

## ENTWODIKSYON

Yonn nan metòd eskrib yo ak farizyen yo te chache itilize pou kritike Jezi, se te poze l' keksyon. Yo te panse si yo poze l' kèk keksyon difisil ya jwenn chemen pou yo detwi l' pi fasil. Donk, nan leson sa a nou pral wè kèk nan atanta yo te fè pou pran li nan pyèj.

## 1. Keksyon Moun ki Kont Li yo

Moun ki kont Jezi yo, yo te toujou gen menm entansyon nan Lespri yo, lè yo entèwoje l', men yo t'ap fè pratik l' nan plizyè fason jouk tan ya vin rive reyalize l'. Lè yo te poze l' keksyon sou taks Seza a yo te panse pran l' nan pèlen nan yonn nan de repons yo, paske yo kwè nenpòt nan yo ta ka detwi. Si l' te di yo dwe peye lajan enpo, pèp la va gade l' tankou yon trayizan, epi konsa enfliyans li a pral fini. Si l' di yo pa ta dwe peye l', ya denonse l' devan women yo tankou yon revolisyonè, e women yo pral pini li.

Lè sadiseyen yo te vin bò kote l' ak keksyon sou rezirèksyon an, yo t'ap chache mete l' nan yon wout difisil ak keksyon sa a, paske yo panse se yon keksyon ki pa gen repons. Yo te vle fè l' pase wonte devan pèp la.

Li pi difisil pou kennen presiz entansyon eskrib la ki poze keksyon sou pi gran kòmandman an. Selon sa Mak rakonte, nou ta ka panse yo poze keksyon an ak tout onètete ak senserite. Men Matye te asire nou ke yo poze keksyon an pou «tante l'» (Matye 22:35). Anpil fwa rabi yo te konn bay opinyon yo kilès kòmandman yo panse ki pi enpòtan. Lè yo poze Jezi keksyon an; alò, yo te konsidere sa ki gen plis inpòtans la, konsa eskrib la posibleman va konprann touswit ak kilès mèt Jezi te dakò plis. Konsa pèp la ki te dakò avèk lòt mèt yo ta abandonnen Jezi pi fasil.

## 2. Repons Jezi Yo

Sa enpòtan pou wè kòman Jezi te eskive chak pyèj yo te tann pou li. Nan chak okazyon li chape san pwoblèm ladan l'. Men li te fè pi plis toujou. Repons li te bay yo al tonbe dirèkteman nan sant sijè ki t'ap diskite a, li te prezante laverite annegad chak tèm yo.

Lè yo te poze Jezi keksyon sou zafè peye Seza enpo a, repons li te bay la tabli yonn nan prensip fondamantal ki kontwole relasyon ki genyen ant relijyon ak leta. Li te deklare legliz Bondye a genyen kèk dwa ki pap janm kapab atake; legliz la li endepandan ak leta. Men li te siyale ankò se Bondye ki mete otorite yo e se li menm ki ba yo yon seri dwa byen detèmine; leta a endenpandan ak legliz. Legliz ak leta, yo chak, yo dwe okipe plas Bondye bay yo a, san yonn pa anvayi dwa lòt. Nan menm repons Jezi te bay sadiseyen yo li fè yo wè lerè ki gen nan keksyon yo a. Yo te vle fè konnen lavi k'ap vini an dwe menm bagay tankou sa y'ap viv kounye a. Jezi te di yo laverite a se pat sa li te ye. Relasyon maryaj yo pap egziste apre rezirèksyon an.

Jezi te montre sadiseyen yo ke yo te twonpe nan tout rezonnman yo. Yo refize rezirèksyon an paske yo panse liv Istwa a pat pale sou sa. Depi byen lontan, yo te kenbe lide sa a nan tèt yo kont farizyen yo, e yo pat janm kapab ba yon repons ki gen pwa ak yon vèsè biblik. Jezi te tounen jouk nan liv Moyiz yo pou apwouve rezirèksyon an. Bondye te bay non li kòm «Bondye Abraram, Izarak ak Jakòb», menm apre zansèt sa yo te mouri. Se yon bagay ki klè mò yo pa gen Bondye. Se sèlman sa k'ap viv yo ki kapab adore l'. Si Bondye jouk kounye a se Bondye yo toujou, alò, sètènman yo viv. Donk, avèk sètitid rezirèksyon an egziste.

Repons Jezi te bay eskrib yo te montre lalwa Bondye a nan yon limyè korèk. Bondye Izrayèl la se li menm sèl ki Bondye tout bon an. Alò, nou dwe renmen li, e obeyi li nan lanmou. Sa a se pi gran kòmandman an. Si nou renmen Bondye tout bon, na renmen pwochen nou yo tou. De kòmandman sa yo gen fòs sou tout lòt yo. Pèsonn pa kapab obsève kòmandman Bondye, a mwens ke li renmen Bondye ak pwochen l'. «De kòmandman sa yo, se yo ki fondasyon tou sa ki nan lalwa Moyiz la ak tou sa pwofèt yo te montre» (Matye 22:40).

## 3. Pitit Kilès Kris La Ye?

Keksyon Jezi te poze an relasyon filyal Mesi a, se pat yon senp pretèks li te fè pou kalme moun ki kont li yo. Se menm jan tou, tankou repons li te bay pou keksyon yo, te gen ladan yo ki te afime laverite bazik yo, keksyon l' nan te gen yon entansyon pou ba yo yon leson sou li menm menm. Lide kòmen Jwif yo ki di Mesi a ta dwe pitit David la se nan Lekriti a yo jwenn ni. Men kwak sa ankò se pat yon verite konplèt. Si se te sa sèlman yo te mande pou Mesi a, ta gen anpil Jwif nan chak jenerasyon ki ta ranpli l'. Men Jezi te fè kwè, Mesi a se Pitit Bondye li ye tou. Epi se sèlman Jezi nan tout pitit David yo ki te pitit Bondye. Li te deklare sa, e li te apwouve sa nan travay li yo. Li fè konnen kounye a se sa Ansyen Testaman an te montre.

## 4. Anseyman Jezi A

Jouk nan fen lèv Jezi a, li te kontinye montre foul la. Li te kontinye ap pale sou echèk pratik relijyez komen epòk la. Li fasil pou lèzòm rekonèt nenpòt bagay ki reyalize an komen, se pou yon kòz ki jis li ye. Men Jezi te gen yon mezi pi wo pou detèmine kisa ki jis—se te mezi lalwa pafèt Bondye a. Nan leson sa a, e avèk mezi a, Jezi te egzamine de faz nan relijyon Jwif la. Li te denonse entansyon eskrib yo, ki te vini avèk lapriyè pale anpil yo, epi ak manifestasyon piblik sou relijyez yo ki kache koutim imoral ak fot yo. Jezi te montre, ankò, ke Bondye pa apresye ofrann pou kantite l' genyen ladan l'. Li te di fanm nan ki te bay de ti pyès monnen yo te bay plis pase nenpòt lòt, malgre ofrann li a te pi pitit pase sa yo te gen kountim pou moun bay, paske li te bay tout sa li te genyen. Bondye pa bay ofrann nou yo valè pou kantite nou bay, men pou kantite ki rete nan pòch nou. Li konnen kisa ki motive nou pou bay pou li.

# KEKSYON SOU ETID LA

1. Kòman farizyen yo ak moun Ewòd yo te panse yo t'ap pran Jezi nan pyèj avèk keksyon yo sou enpo Seza a?

1. Kòman Jezi te reponn yo?
2. Kisa Jezi te montre konsènan legliz la ak leta?
3. Kisa sadiseyen yo te panse reyalize avèk keksyon yo te poze sou rezirèksyon pou pran Jezi nan pyèj la?
4. Kisa Jezi te montre konsènan nati rezirèksyon an?
5. Kòman Jezi te apwouve va gen rezirèksyon?
6. Kilès ki pi gran kòmandman an?
7. Kisa nou kapab aprann sou eskrib yo, etabli relasyon repons ou nan Mak 12:32-34?
8. Kisa David te montre an rapò Kris la?
9. Kisa ki te peche eskrib yo?
10. Poukisa ofrann vèv la te gen yon gwo valè konsa?

# POU ETID SIMPLEMANTÈ

1. Ki esplikasyon Mak 12:17 gen sou lavi yonn ak lòt chak jou a?
2. Kòman Mak 12:35-37 dekri Jezi te kwè nan enspirasyon oral Bib la.

# CHAPIT 6

## MALE POU NOU

Li Matye 23

## KEKSYON POU PRAPARASYON

1. Ki atitid pèp la ta dwe pran anvè eskrib yo ak farizyen yo?
2. Ki kalite defo eskrib yo ak farizyen yo te genyen?
3. Kisa Jezi te avèti annegad nouvèl Jerizalèm nan?

## ENTWODIKSYON

Anseyman ki te rezime nan Matye 23 a, nou kapab byen konsidere l' kòm yon dènye anseyman Jezi te bay nan tanp la. Posibleman li te di sa yon jou madi, twazyèm jou nan senmenn pasyon an. Epi apre Jezi te kite tanp la (Matye 24:1), pa gen nouvèl ki di li te tounen vin ladan l' ankò. Apre Jezi te fin pase nan moman keksyon an, li te pale sou moun ki t'ap entèwonje l' yo. Jan yo t'ap chache pran l' nan pèlen an, sa montre klèman yo te trè deside pou fini avè l' nenpòt fason. Rayisab la te fè kè yo tèlman di epi yo te tèlman gen move kè pou repanti, sa fè Jezi te pale byen klè pozisyon li an fas moun sa yo. Anseyman sa a pat tout afè nouvo. Anpil nan sa nou jwenn la a, li te gen tan di yo anvan. Jezi te denonse yo yon dènye fwa avèk pawòl klè.

## 1. Avètisman Pou Pèp La

Jezi te kòmanse anseyman l' nan lè l' avèti pèp la konsènan eskrib yo ak farizyen yo. Li pat konseye yo pou yo revòlte kont yo. Se yon refòmatè Jezi te ye. Li vle konsève sa ki bon yo e fè kondisyon yo vin miyò lè yo mal. Li te respekte pozisyon eskrib yo ak farizyen yo kòm mèt lalwa. Men li te kondannen move anseyman yo ak egzanp yo. Yo te mete chay peze sou pèp la, yo t'ap ogmante tradisyon yo ak egzijans yo. Yo te koupab pou ipokrizi yo, alò yo pretann yo se moun ki trè jis, men yo te nan lerè annegad pwen santral lalwa Bondye a. Yo t'ap chache lwanj lèzòm plis pase pa Bondye a. Jezi te kondannen yo paske yo t'ap chache lonè pou pwòp tèt pa yo. Li te montre pèp la kiltive imilite.

## 2. Malè Pou Farizyen Yo

Jezi te kontinye anseyman li a lè l' t'ap pale dirèkteman sou farizyen yo ak eskrib yo. Nan yon seri ki gen sèt malè kote li te manifèste defo prensipal yo. Nou te fè konnen, Matye kòmanse istwa lèv piblik Kris la avèk yon seri benediksyon epi li fini lèv piblik li a ak yon seri malediksyon. Sepandan, nou dwe rekonèt Jezi pat modi eskrib yo ak farizyen yo sèlman. Esklamasyon «Malè a!» genyen yon sans pinisyon ak mizè k'ap tann nou pwochènman, men li gen yon dòz tristès ladan l' tou. Se kòm si Jezi te mete ladan l' yon «Malè pou mwen!» Lè li te kontanple sa k'ap tann lenmi li yo kè sansib li a vin gen yon santiman konpasyon pou yo.

Sèt nan wit malè yo nan chapit sa a pale sou eskrib yo ak farizyen yo tankou ipokrit. Li bay katryèm nan non «gid avèg!» Nan twa premye malè yo Jezi pale sou eskrib yo ak farizyen yo annegad relasyon yonn gen ak lòt. Se te chèf relijyez Jwif yo te ye. Nan sikonstans sa a yo rele mizè a vin tonbe annabondans sou yo menm; paske yo te anpeche lèzòm antre nan wayonm Bondye a, yo tap mennen moun ki te kwè nan yo nan lesklavaj ak règ lèzòm, epi yo te montre lèzòm fè peche selon fo konsepsyon yo sou fè sèman.

Senk dènye malè yo gen rapò ak ipokrizi farizyen yo, pèsonèlman. Sa te rive manifeste pi konplèt lè yo te montre rayisab yo genyen kont Jezi. Yo te pretann se sèvitè Bondye yo ye; men pou tan yo t'ap eseye touye pitit Bondye a, menm jan tankou papa yo te touye pwofèt Bondye yo.

## 3. Rèl Sou Lavil Jerizalèm Nan

Dènye anseyman piblik ki anrejistre sou Jezi a, se te yon esklamasyon plenn sou lavil Jerizalèm nan. Li te anseye yo la a. Li te vle pote pawòl Bondye a bay pèp la; men pèp sa te konsève repitasyon tètdi li san varye. Lavil ki touye pwofèt yo, te refize Kris la tou, e li te manke ti kras tou pou yo touye l' tou. Poutèt yo te refize Moun Bondye voye nan lachè a, Izrayèl ap rete san benediksyon Bondye voye pou li yo. Epi yo pap rekipere yo ankò jouk tan yo pa asepte Kris la.

## KEKSYON SOU ETID LA

1.  Nan ki jan eskrib yo ak farizyen yo abize pozisyon yo etan entèprèt lalwa Moyiz la?
2.  Ki defo lapriyè farizyen yo ak eskrib yo te genyen ladan l'?
3.  Konsènan zafè fè sèman an, nan ki lerè farizyen yo te ye?
4.  Nan ki lerè farizyen yo te ye konsènan zafè bay ladim nan?
5.  Nan Matye 23:25-28 ki de deskripsyon Jezi te fè pou montre ipokrizi eskrib yo ak farizyen yo?
6.  Nan ki fason farizyen yo sanble avèk zansèt yo?
7.  Kisa ki ta pral pase moun ki refize Jezi yo?
8.  Ki jan Jezi te aji anvè lavil Jerizalèm?

## POU ETID SIMPLEMANTÈ

1.  Nan ki jan eskrib yo ak farizyen yo «te fèmen wayonm Bondye a pou lèzòm» (Matye 23:13)?
2.  Eske Matye 23:23 ak 24 ban nou yon rezonnman kont ladim? Esplike sa.

# CHAPIT 7

## BAGAY KI GEN POU RIVE LE L'AP VINI AN

Li Matye 24:1-41

## KEKSYON POU PREPARASYON

1. Ki sak pral pase anvan dezyèm vini Moun Bondye voye nan lachè a?
2. Ki sak pral pase nan dezyèm vini Moun Bondye voye nan lachè a?

## ENTWODIKSYON

Dènye fwa Jezi te soti nan tanp la, disip yo pwoche bò kote li. Yo t'ap fè l' wè ki jan kay la te byen bati. Jezi te reponn, li di yo: tanp la pral kraze. Sa te fè disip yo poze l' de keksyon: «Ki lè bagay sa yo va rive?» e «Ki siy ki pral vini ak lafen monn lan (Matye 24:3)?» Nan menm repons keksyon yo, Jezi te kòmanse bay enstriksyon yo te bezwen an.

Repons Jezi a vin touen yon pwoblèm pou savan biblik yo. Pafwa yo konprann byen Jezi te pwofetize destriksyon lavil Jerizalèm nan sa ki te pase nan lane 70 apre Jezikri a. Yon lòt lè ankò li te pale klè konsènan lè l'va touen nan laglwa. Men moun save yo pa gen asirans sou kilès nan de evennman sa yo Seyè nou an t'ap pale.

## 1. Se Poko Lafen An Sa

Matye 24:4-14 anrejistre esplikasyon sou sa ki pral pase anvan «lafen an». Byen posib lafen sa a li konpare ak lafen lemonn. Li te di yo piga yo fè kè sote pou lagè, grangou ak dezòd, ki pral pase apre asansyon an. Siy sa yo sètènman pral rive sou vini li a; men se pa vini l' touswit la. Jezi te fè yon deskripsyon sou pèvèsite, vyolans ak enkredilite ki pral ogmante nan lemonn. Anpil afliksyon pral vini sou pèp Bondye a; sa pral fè yo pèdi bon sans, dekouraje ak perèz. Men Jezi te montre Bondye konnen tout bagay sa yo. E tou sa fè pati plan li. Afliksyon monn nan se pa ki bay prèv Bondye tonbe pou sa, o Kris te pèdi batay la nèt anba pouvwa Satan.

## 2. Lafliksyon

Vèsè 15-28 yo pi difisil pou esplike. Jezi te pale la sou yon afliksyon ki gen pou vini. Kèk nan afimasyon li bay yo kapab aplike byen fasil sou gran tribilsayon Jwif yo te soufri pandan destriksyon lavil Jerizalèm nan, nan lane 70 apre Jezikri. Men nan vèsè 29 la, li deklare «Kou jou lafliksyon sa yo fin pase, solèy la pap klere ankò, lalin nan pap bay limyè ankò, zetwal yo va soti tonbe nan syèl la. Pouvwa yo ki nan syèl la va tranble». Li sanble l'ap pale sou yon evennman ki pral pase nan fiti. Kèk moun te di lafliksyon ki te pase nan lane 70 apre Jezikri a, se yon tablo lafliksyon ki pral pase touswit anvan Kris vini. Sa kapab yon reyalite, men nou pa sèten.

## 3. Jezi Ap Vini

Nan vèsè 29-31, nou gen yon deskripsyon kout sou vini Kris la. Jezi te montre klè l'ap gen de efè diferan. Moun ki pa kretyen yo pral kriye lè ya wè li. Yo pral konprann konbyen opozisyon yo kont Kris la te anvan, e sètènman yo pral resevwa pinisyon yo merite a. Jouk tan Kris pa retounen, mechan yo ap toujou kontinye panse yo pa gen anyen pou yo krent. Kretyen yo pap kriye; y'ap kontan. Lè Kris vin, li pral voye zanj yo pou reyuni tout kretyen yo, e yo pral viv avèk li pou tout tan.

## KEKSYON SOU ETID LA

1. Ki deklarasyon Jezi te bay nan anseyman ki anrejistre nan Matye 24 la?
2. Kisa disip yo te vle konnen?
3. Kisa ki pral pase anvan lafen an?
4. Ki enstriksyon Kris te bay moun yo ki te wè «abominasyon dezolasyon an?»
5. Kisa fo pwofèt yo te pretann?
6. Ki siy ki va parèt ansanm ak Moun Bondye voye nan lachè a?
7. Kilè Pitit Lòm nan ap vini?
8. Ak kisa vini Moun Bondye voye nan lachè a ap sanble?
9. Kòman lavi a va ye lè Moun Bondye voye nan lachè a vini?

# POU ETID SIMPLEMANTÈ

1. Poukisa disip yo te gen anvi konnen an rapò lafen k'ap vini an?
2. Poukisa Jezi te reponn avèk yon repons ki pa gen sans sou keksyon yo a?

# CHAPIT 8

## SE POU NOU TOUJOU PARE

Li Matye 24:42-25:46

## KEKSYON POU PREPARASYON

1. Kisa ki sijè prensipal leson sa a?
2. Nan ki fason de parabòl yo ak pwofesi jijman an kopere nan tèm prensipal la?

## ENTWODIKSYON

Disip yo te mande Jezi kilè l'ap vin sot nan syèl. Jezi pat reponn yo keksyon an dirèkteman. Li te enkyete sou yon sijè ki gen plis pòtans: kòman vini li ap afekte lavi chak jou kretyen yo.

Gen moun k'ap gaspiye anpil tan yo nan enkyetid yo pou dekouvri kilè Kris ap vini. Jezi te fè konnen, moun ki renmen l' yo dwe toujou pare pou vini li a nan nenpòt moman. «Paske moun Bondye voye nan lachè a ap vini lè nou pa ta kwè» (Mat. 24:44). Li avèti disip li yo pou yo kontinye egzanp domestik fidèl la ki te rekonpanse avèk anpil komisyon. Li avèti yo moun ki fè neglijans ap resevwa pinisyon.

## 1. Parabòl Yo Ak Pwofesi

Matye 25 genyen de parabòl ladan l'. Nou dwe aplike règ entèpretasyon yo ki koresponn yo. Yo chak yo planifye pou montre yon leson* espirityèl. Nou pa dwe chache jwenn yon leson espirityèl nan chak detay parabòl la. Pa egzanp, paske tout dis vyèj yo t'ap dòmi an petèt sa pa gen yon siyifikasyon espirityèl. Se yon detay yo ajoute pou esplike poukisa vyèj yo te neglije revize yo te manke lwil la yo te vin wè sa sèlman jouk nan dènye minit.

*Otè dakò teori pòpilè ki chak parabòl gen sèlma yon leson e pou sa ampil detay yo pa gen inpotans. Lòt teoripi bon mwe samble se ke tout detay yo gen impòtans pou sa parabòl bay variete anseyans. Editè*

Jezi te fini diskou l' la avèk yon pwofesi sou jijman. Pwofesi sa a ede nou ka wè sak pral pase lè Moun Bondye voye nan lachè a tounen nan glwa li. Jezi pat vle endike chak detay sou sak pral pase presizeman tankou deskripsyon li bay la. Pa egzanp: pawòl Jezi pral di yo, sa l' di moun san repwòch yo, e sa l' pral di moun ki kondannen yo, yo pa dwe pran yo tankou sa li pral di egzateman nan jou jijman an. E sependan, pawòl sa yo Jezi di a, yo dwe konsidere yo pi literal pase parabòl yo.

## 2. Veye E Travay

Parabòl dis vyèj yo ak talan yo esplike sa Jezi te vle di lè li te di, « . . . Nou menm tou se pou nou toujou pare» (Matye 24:44). Premye parabòl la vle di, nou dwe pridan, fòk nou pare pou vini l' nan. Dezyèm nan, nou dwe travay. Nan premye a li enstwi nou pou nou rete sensè nan lafwa; nan dezyèm nan, pou nou ka gen asirans n'ap itilize tout opòtinite Bondye ban nou yo.

Dapre sa de parabòl sa yo di, yo montre nou anpil. Li deja klè, yo pale sou moun ki konfese yo se kretyen, yo fè nou sonje nou dwe egzamine lavi nou tout tan. Yo montre nou tou li posib pou gen yon fòm de pitye an aparans ki pa gen okenn pouvwa. Yo montre ke Bondye ap fè nou reskonsab tout sa nou pa fè yo, tankou sa nou fè. Parabòl sa yo mete devan nou yon danjè poutèt pèsonn paka rive konpli ak tout sa la lwa Bondye mande nou.

Nou gen pou'n aprann tou sa parabòl sa yo pa di. Pa egzanp, yo montre nou jan pechè yo dwe krent Bondye. Moun yo te kondannen nan parabòl sa yo, yo pa fè pati klas moun ki pi mal yo. Vyèj ensanse yo te gen yon tikras lwil; men yo pat gen ase. Domèstik la nonplis li pat gaspiye byen an san kontwòl, yon sèl bay li pat ogmante l'. E sependan, yo toulede ansanm, vyèj fòl yo ak domèstik parese a, yo te kondannen e yo te pèdi benediksyon rwayòm Bondye a. Si se konsa, sak pral pase moun sa yo ki te gaspiye talan yo? Kisa Bondye pral di domestik li te bay yon talan e ki pa enterese pou l' ogmante l' la? Si Bondye beni moun ki sèvi l' fidèl yo plis, èske li pap bay moun ki mechan yo yon pi gran pinisyon?

Parabòl sa yo ban nou kèk lide nan syèl la tou. Nan premye parabòl la li konpare l' avèk yon fèt nòs. Va gen lajwa nan syèl la. Li te prezante nan dezyèm nan tankou yon òf sou yon opòtinite pou bay plis sèvis. «Mèt la di, sa se bèl bagay. Ou se yon bon domestik ki travay byen. Paske ou fè ti travay sa a byen m'ap mete ou reskonsab pi gwo zafè toujou» (Matye 25:21 ak 23). Syèl la se pa yon kote pou fè parese pou tout tan. Na gen anpil opòtinite pou sèvi Bondye, e pa konsekan, pou n' rejwi nan li.

## 3. Mouton Yo Ak Kabrit Yo

Nan dènye pati mesaj sa a, Jezi te pale sou jou jijman an. Tout moun ki t'ap koute l' yo te kwè nan yon jijman k'ap vini. Yo te kwè va gen yon separasyon ant moun san repwòch yo ak mechan yo. Jezi te montre yo doktrin sa yo tou. Men li fè konnen mezi jijman an ap pran an tou depann sou relasyon lòm gen avèk li. Moun ki viv avèk lajistis, ap antre nan wayonm li te prepare pou yo a. Sa yo ki t'ap mache tankou mechan y'ap voye yo jete pou tout tan nan gwo flanm difè ki pap janm mouri yo te prepare pou dyab la ak move zanj li yo. Nan nenpòt ka se pwòp aktitid pa nou anvè Kris ki pral detèmine tout bagay.

Sak pi rèd nan anseyman Jezi bay la, se fason li detèmine si lèzòm te mache byen an. Nasyon nan toulede gwoup yo va sezi tande jijman yo. Y'ap mande l': kòman sa kapab fèt? E repons la pou toulede ka ansanm, va menm bagay: sa yo te fè avèk pwochen yo se sa menm Seyè Jezi ap fè avèk yo tou, «Sa se pawòl sèten. Mwen ta renmen ou ensiste e rete fèm nan bagay sa yo anpil, pou tout moun ki mete konfyans yo nan Bondye ka okipe tout tan yo ap fè sa ki byen (Tit 3:8).

## KEKSYON SOU ETID LA

1.  Kisa ki sijè prensipal leson sa a?
2.  Kisa parabòl sou dis jenn fi yo anseye nou?
3.  Kisa parabòl sou talan yo anseye nou?
4.  Kisa deskripsyon jijman an anseye nou?
5.  Kilès moun vyèj yo reprezante?
6.  Kilès moun mesye marye a ye?
7.  Kisa lanp yo e lwil la reprezante?
9.  Kisa pòt fèmen a reprezante?
10. Kisa mèt la ak domestik yo reprezante?
11. Kisa talan yo reprezante?

12. Kisa nou ta dwe aprann nan sans patwon an trete chak domestik yo diferan?
13. Nan Matye 25:5, 6, e 19. Kisa nou aprann an rapò vini Kris la?
14. Nan konbyen gwoup Moun Bondye voye nan lachè a ap divize tout nasyon yo, lè jou jijman an rive? Kisa ki pral pase chak gwoup yo?

## POU ETID SIMPLEMANTÈ

1. Poukisa jenn fi ki gen konprann yo te refize bay jenn fi tèt chaje yo ti gout lwil, e yo te voye yo al achte pito?
2. Sa Matye 25:29 di a, èske se vre tout bon konsènan lavi sa a? Esplike l'.
3. Eske istwa jijman an montre ke lezòm kapab sove poutèt zèv yo? Esplike sa.

# PATI 2

## PWEN PRENSIPAL
## LEV KRIS LA

---

## CHAPIT 9

### JIDA

Li Mak 14:1-11, Lik 22:1-6, Jan 13:21-30, 18:1-11, Matye 27:3-10.


## KEKSYON POU PREPARASYON

1. Ki tip moun Jida te ye lè l' te kòmanse sèvi kòm disip?
2. Kisa ki fè l' vin rive trayi Jezi?
3. Nan ki fason pwosè Jezi a te afekte Jida?

## ENTWODIKSYON

Nou pa kapab etidye soufrans Jezikri, Seyè nou an, si nou pa apwoche, pou nou wè Jida Iskaryòt fasafas. Se li menm ki te trayizan an, se li tou ki te lage Jezikri nan men lenmi l' yo.

Men evennman izole sa a pa prezante Jida nan yon fason ki apwopriye. Ekriti a pa pale anpil sou li, men anpil fwa li mansyone non l'. Istwa ki prezante sou Jida a gen anpil bon enstriksyon ak repwòch pou nou chak.

# 1. Jida Disip La

Nou pa konnen anyen sou kòmansman lavi Jida, sèslman sou Jida. Li dwe t'ap swiv Jezi depi nan yon dat byen bonè, donk Jezi te chwazi douz nan foul la ki t'ap swiv li. Nou pa kapab doute moun Jezi te chwazi yo, se te sa ki pi fidèl yo pami bann moun ki t'ap swiv li a.

Apre Jezi te chwazi Jida kòm yonn nan douz disip li yo, li t'ap mache tout tan avèk Jezi. Li te tande anseyman Jezi yo e li te wè mirak li yo. Li te voye l' al preche, geri moun malad yo, epi li te tounen ak anpil jwa paske menm move Lespri yo te obeyi yo. Nan yon lòt pawòl, li te rejwi menm benediksyon ak opòtinite lòt disip yo te rejwi a.

Jida se te yon nonm ki te gen talan. Jezi pat chwazi l' sèlman kòm disip, osinon li te ba li yon ofis nan gwoup la. Se te trezòrye lajan disip yo, se li ki te achete tout bagay pou gwoup la. Sa montre ke li te gen yon abilite espesyal nan komès.

Jida, tankou nenpòt lòt disip yo, te anbisye. Eske ou sonje kisa ki te pase lè Jak ak Jan te mande pi gwo grad lonè yo nan gouvènman Kris la? Lòt diz disip yo te fache paske yo tout te vle menm pi gwo grad lonè sa yo, men yo pat gen ase odas pou mande l' li.

# 2. Jida Vòlò A

Premye bagay ki montre feblès Jida yo te manifeste pandan soupe pèp Betani te ofri Jezi a. Ou sonje lè Mari te sakre Jezi avèk odè ki koute anpil lajan an, se Jida, wi, premye moun ki te regrèt lè l' te deklare yo te dwe vann sa pou gwo lajan pou yo bay pòv yo lajan an. Li te tèlman gen enfliyans pami douz disip yo kèk nan yo te fè yonn ak li lè l' te estomake a. Jan esplike kritik Jida a: «Li pat di sa paske li te vle fè yon kichòy vre pou pòv yo, men paske se vòlè li te ye. Se li ki te kenbe kès lajan an, li te konn pran nan sa yo te mete ladan li» (Jan 12:6). Nou pa konnen presizeman depi kilè Jida te kòmanse ap vòlò nan fon yo te gen an komen an. Poukisa li fè sa? Nou kapab fè sipozisyon sou sa sèlman. Men yon moun ka wè sa byen klè paske anreyalite, travay Jida yo nan tan sa a pat gen akò avèk sa Jezi li menm t'ap preche a. Epi diferans sa a te egziste vrèman, Jida li menm pat janm dakò komplètman avèk entansyon Mèt la, tout bon.

Jezi te reponn Jida e lòt disip yo pou kritik yo fè kont Mari a. Repròch sa a make pwen definitiv la nan lavi Jida. Repwòch la te kapab sèvi yon gran èd. Anpil fwa nou pa konprann si peche nou yo grav anpil, si yo repwoche nou poutèt yo. Men Jida te fè kè l' di lè l' te tande repwòch Jezi a, epi li te pran desizyon l', nan nenpòt fason pou l' reyalize rèv anbisyon l' yo. Lè l' kite chemen lajistis la, kounye a li te kapab pi fasil desann pi plis nan chemen peche a. Pa konsekans li t' al jwenn ak lennmi Jezi yo ki t'ap chache yon opòtinite pou kapte l' an sekrèt, epi li te ofri yo pou l' mennen yo kote Jezi lè l' konnen li te pou kont li.

## 3. Jida Trayizan An

Gwo kontra terib Jida te fè avèk chèf prèt yo te egzije l' tounen nan menm plas kote li te abitye ye a, ansanm ak lòt disip yo. Li kapab te yon espyon ankachè nan mitan gwoup Jezi te chwazi a. Se pou sa nou wè li te avèk lòt yo lè Jezi te selebre fèt Pak la nan chanm wot la.

Fason Jezi trete Jida a gen yon etonnman delika ladan l'. Li te dekouvri gen yonn nan disip li yo ki pral trayi l'. Panse sa a te tèlman enfreyab yo chak te oblije poze keksyon. «Se mwen menm, Mèt?» Sètènman Jida te poze menm keksyon an tou, paske si li ta rete san mande, yo ta rekonèt li admèt fòt li. Jezi pat reponn ni Wi ni Non, sou keksyon gwoup la; men li te siyale Jida pandan li t'ap mouye yon mòso pen nan plat la ansanm ak li. Yon lòt fwa ankò Jida te fè fas avèk peche li a, men li te refize konfese l' pou l' ta jwenn padon. Tout okontrè li te soti nan sal la pou l'al egzekite akò li te fè a.

Answit nou jwenn ak Jida nan Jetsemani. Li te konnen ki kote pou l' chache Mèt li a, paske Jezi te toujou konn al la pou mete l' apa pou priye. Pita, Jida te rive ak yon gwoup solda tanp la pou arete Jezi la. Li te bay solda yo yon siy, pou yo ka rekonèt ki moun ki Jezi nan fènwa, sa te montre jan chit Jida a te tèlman pwofon. Depi nan menm moman sa a, mo «bo Jida a» rete sèvi pou demontre klas ki ba, pi pèfid e trayizan an. Nou pa ta kapab konprann kòman Jida aji, si ekriti a pat deklare se Satan ki te anpare kè l'.

Menm nan pwen sa a Jezi te aji byen avèk trayizan an. Jouk kounye a toujou Seyè a chache wè si Jida ta vin konsyan sou peche li, li te vle mennen l' nan repantans. Men Jezi di li, «Jida, se avèk yon bo w'ap trayi Moun Bondye voye nan lachè a?» (Like 22:48) Men Jida pat gen repantans nan kè l'. Pase li te repanti, li te pito al pran plas li pami solda yo. Imajine kòman sa ta endiye lòt disip yo, lè yo gade pou yo wè disip ki te ansanm avèk yo, parèt ak bann lennmi yo!

## 4. Jida Tiye Tèt Li

Evanjelis yo ban nou yon imaj kòman Jida fini, apre pwosè Jezi a. Li posib, Jida, t'ap swiv jijman an. Petèt li te kòmanse konprann sa li te fè a. Lè li wè yo te kondannen Jezi, li te chagren pou sa l' te fè a, e li te chache remèt lajan prèt yo te ba li a. Men yo te refize l'. Nan fason sa a, Jida te tire li sou yo, li soti epi apre l' te pann tèt li.

## 5. Yon Avètisman

Nou pa kapab menm manke souke tèt nou lè n'ap panse sou Jida, pou nou sezi wè l' tankou yon nonm ki mechan anpil, paske semans trayizon an yo jwenn li nan nou tou. Nou dwe soumèt tout anbisyon nou yo anba volonte Bondye, osinon yo va mennen nou lwen Bondye. Menm jan tankou ka Jida a, si nou pa abandonnen tandans peche yo, y'ap mennen nou nan peche ki pi grav yo. Ann konfese chak peche, oswa abitid fè peche a ap vin pi fasil pou nou, epi repantans la ap vin pi difisil.

## KEKSYON SOU ETID LA

1. Nan ki okazyon Jida montre li te anbisye?
2. Poukisa Jida te fache pou kado Mari a?
3. Kisa Jida te ofri chèf prèt yo?
4. Konben yo te peye li?
5. Poukisa Jida te trayi Jezi?
6. Kilè Jida te rann kont, pou premye fwa, Jezi te konnen plan l' la?
7. Kisa Jida te fè lè l' te rann kont yo konnen plan l' la?
8. Kòman Jezi te aji avèk Jida?
9. Ki kote Jida te mennen solda yo pou y'al arete Jezi?
10. Kòman Jida te fè konnen kote li pral jwenn Jezi?
11. Kòman Jida te bay siyal ki moun ki Jezi?
12. Poukisa li te remèt prèt yo lajan an?
13. Ki rezilta tristès Jida a?
14. Kisa yo te fè avèk lajan Jida te tire ba yo a?

# POU ETID SIMPLEMANTÈ

1. Eske Jida te pran responsablite zak li yo?
2. Kisa Jida te pwopoze lè l' pote lajan tounen an?
3. Ki leson pèsonèl ou kapab jwenn nan istwa Jida a?

# CHAPIT 10

## POU NOU KA SONJE MWEN

Al li: Mak 14:12-31; Jan 13:1-20

## KEKSYON POU PREPARASYON

1. Poukisa Jezi te vle selebre manje pou pak la?
2. Poukisa Jezi te lave pye disip li yo?
3. Poukisa Jezi te etabli Lasent Sèn nan?

## ENTWODIKSYON

Gen anpil bagay ki te pase nan nwit lè yo te trayi Sovè nou an. Gen anpil diskisyon sou ki nwit sa te pase. Jeneralman yo admèt ke Jezi te manje Manje Delivrans la epi yo te trayi li nan jedi swa. Yo te kirisifye vandredi epi li te leve vinvan nan lanmò dimanch. Yon dezyèm opinyon di ke Jezi te etabli lasent sèn nan e yo te trayi li nan lannwit madi epi yo te krisifye l' mèkredi. De opinyon sa yo rakonte jan li difisil pou esplike kèk pasaj biblik. Alò, nou dwe rive nan konklizyon nou pa kapab di avèk egzatitid kilè yo te krisifye Jezi, ni ki nwit li te manje Manje Delivrans lan. Ankò, nou pa gen konesans sifizan pou detèmine lòd egzat de evennman yo ki te pase jouk yo krisifye l' la.

## 1. Preparasyon Fèt Pak La

Jwif nan tout gouvènman women an te reyini lavil Jerizalèm pou selebre Fèt Pak la. Odinèman yo te konn selebre fèt sa a pa fanmi yo. Men lè fanmi yo pat reyini, se yon gwoup yo te fòme pami moun ki te gen yon bòn relasyon antre yo menm. Jezi ak disip li yo pat gen relasyon fanmilye antre yo, men yon fidèlite komen nan lèv Sovè a.

Disip yo te bezwen yon kote pou manje Manje Delivrans la. Jezi te voye de nan disip li yo, li te di yo pou yo swiv yon nonm ki t'ap pote yon ja dlo. Nonm sa a ap montre yo yon sal ki tou prepare pou fèt la. Lè Jezi te bay enstriksyon sa yo li te demontre li konnen tout bagay. Nou sonje byen kèk jou anvan tou, li te di disip li yo pou yo al chache yon bourik pou li antre ak triyonf lavil Jerizalèm.

## 2. Jezi Lave Pye Disip Li Yo

Nan kèk moman antan yo t'ap manje Manje Delivrans la, Jezi te leve sou tab la epi li te kòmanse lave pye disip li yo. Lè Jezi fè sa a, li te gen de entansyon nan tèt li. Premyèman, li te vle senbolize sa li pral soufri a pou yo te ka rete pwòp san peche. Li te lese sa byen klè nan yon konvèsasyon kote l' te pale avèk Simon Pyè, lè Pyè pwoteste pou Jezi pat lave pye l'. Dezyèman, Jezi te vle bay disip li yo yon egzanp sou imilyasyon. Zafè lave pye a se esklav yo konsidere ki pa vo anyen yo e ki ba nèt nan fanmi an ki pou te fè l'; men Jezi etan Mèt disip li yo, li te rive fè l'.

Kèk kretyen pran pawòl Jezi a nan yon sans literal. «Si mwen menm Seyè an, mwen menm ki Mèt, mwen lave pye nou, nou menm tou, se pou nou lave pye lòt» Jan 13:14. Yo pratike lavman dèpye. Men poutan, Jezi pa gen entansyon pou kretyen yo ap obeyi lèt kòmandman sa a*. Paske nan tan Jezi a e nan peyi kote li te ye a, tè a ak chemen yo te gen anpil pousyè, epi se sandal ouvè yo te konn itilize kòm soulye. Nenpòt moun ki soti nan yon kay al nan yon lòt kay, pye l' te chaje pousyè. Menm lè yo ta benyen anvan yo sòti lakay yo. Konsa, sa te sèvi kòm yon siy koutwazi, e ospitalite pou lave pye yon envite. Nan yon peyi kote nou genyen chemen yo ak asfate epi kote, òdinèman, nou mete soulye ak chozèt nan pye nou, zafè lave pye a vin gen sans yon seremoni ki pa gen valè. Li pa gen menm sans imilite, ni koutwazi ni bonte tankou nan tan lontan an. Kòmandman Jezi a vle di reyèlman nou dwe gen yon Lespri renmen ak imilite menm jan tankou li.

## 3. Soupe Seyè A

Pandan yo t'ap manje Manje Delivrans la, Jezi te pran pen an ak diven an ki korespann Manje Delivrans la epi li kòmanse sa nou rele jodia lasèn Seyè a, sa nou selebre pou sonje tou sa Kris te fè pou delivre legliz li a anba lesklavaj peche.

Kwak kretyen yo dakò Kris etabli lasent sèn nan e li te bay disip yo lòd pou obsève lasent sèn nan, gen anpil diskisyon an rapò ak sa pawòl Jezi yo vle di. Vrè nati la Sent Sèn nan se te yonn nan pwen fondamantal dezakò ant refòmatè yo ak legliz katolik womèn nan.

*Sa se opinyòn ampil legliz kretyen nan no. Men na Haiti e Sen Domen levangil yo fe memn pratik jodia. Editè*

## 4. Lide Katolik Women An

Legliz womèn nan montre manje Seyè a se yon repetisyon nan sakrifis Kris la. Yo rele lamès la yon «sakrifis ki pa gen san». Nan yon lòt pawòl, chak fwa yo selebre lamès la yo krisifye Jezikris yon lòt fwa.

Ansanm ak kwayans nan nati sakrifis lamès la nou jwenn konviksyon pen an ak diven Lasent Sèn nan transfòme nan kò ak san Kris lè pè a pwononse pawòl yo «sa se kò mwen» se a kòz transfòmasyon sa a lamès la kapab konsidere tankou yon sakrifis.

## 5. Lide Pwotestan Yo

Pwotestan yo di ansanm, manje Seyè a se pa yon sakrifis Kris li ye. Labib montre klè, Jezi te sakrifye yon fwa, e yon sèl fwa. «Kifè nou netwaye anba peche nou yo, se paske Jezikri te fè tou sa Bondye te vle, li ofri kò pa li bay Bondye yon sèl fwa, epi l' fini. Pou prèt jouif yo, se chak jou pou yo kanpe ap fè sèvis yo. Y'ap plede ofri menm sakrifis yo plizyè fwa. Men, sakrifis sa yo pap janm ka wete peche. Men, Kris la pou tèt pa l' fè yon sèl ofrann san pou tout peche yo, yon ofrann san ki bon pou tout tan. apre sa, li chita sou bò dwat Bondye.» (Ebre 10:10-12).

Pwotestan yo di tou pen an ak diven an pa transfòme nan kò Kris. Yo rekonèt lè Jezi te tabli lasent sèn nan li te di, «Sa se kò mwen», li pat kapab di sa nan yon fòm literal. Li prezan toujou nan kò li. Li pat ankò krisifye. Konsa nou wè pen an ak diven an pa kapab konvèti nan kò li ki kraze ak san li ki koule.

Kwak pwotestan yo pat dakò nan lide katolik yo sou manje Seyè a yo te twonpe, paske yo pa kapab rive mete yo dakò anrapò siyfikasyon sa a. Reyèlman se konsa sa te ye nan epòk Refòm nan. Twa refòmatè, Litè, Kalven, ak Zwinglio, yo pat kapab mete tèt yo ansam sou zafè sa a. Lide yo rete jouk jounen jodia.

1) Opinyon Litè a kenbe jouk jounen jodia nan legliz Literyèn yo, yo prèske gen menm opinyon ak katolik womèn nan. Literyen yo pat kwè nan pen an ak diven an konvèti nan kò Kris, osinon kò Kris la li prezante fizik nan pen ak diven an. Yo panse nou manje toulede yon fwa, pen an e kò Kris la, e nou bwè toulede ansanm tou yon fwa, diven e san Kris. Yo di, li posib, paske lè Jezi te monte nan syèl nan kò fizik li, li sanble li te ansanm. Men li pat prezante toupatou lè Seyè a te selebre Lasent Sèn nan pou premyè fwa. Jezi te la nan yon eta fizik; men disip yo pat manje kò l'. Opinyon literyen an te mete twòp aksan nan pawòl yo; «Sa se kò mwen».

2) Yon lòt kote, nou wè opinyon Zwinglio a (aktyèlman anpil legliz batis kenbe l') paske yo iyore pawòl «sa se kò mwen» an. Zwinglio te di Lasent Sèn nan se te plis pase yon manje konmemorab ki ede nou pou fè nou sonje lanmò Seyè a. Zwinglio te nye ke nan kèk fòm espesyal Seyè Jezi te prezante lasent sèn nan. Moun ki swiv opinyon Zwinglio a derefize pou bay manje Seyè non yon sakreman. Yo pa konsidere ke Lasent Sèn nan se yon kòz pou Bondye te bay pèp li lagras.

3) Se Legliz Refòme ak prestiberyen yo ki swiv opinyon Kalven an aktyèlman, li okipe yon plas entèmedyè ant opinyon Litè ak pa Zwinglio a. Kalven te montre Jezikri te prezan vrèman nan manje Seyè a. Men li te prezan nan yon sans espirityèl, se pa fizikman li te la. Lè yo resevwa pen an ak diven an pa lafwa, nou kontanple lanmò Jezi te mouri pou nou an, epi li senbolize nan pen yo kase a e diven an ki koule a, nou resevwa lagras Bondye nan yon fason espesyal. Se sa yo vle fè konprann lè prèt la di: «Alò, pou nou kapab, nouri avèk Kris la, pen tout bon ki soti nan syèl la, nou pa dwe fèmen kè nou pou pen ak diven materyèl la, sinon, leve yo jouk nan syèl bò kote Jezikri ye a, avoka nou an, adwat Papa nou ki nan syèl la . . . nou pa dwe gen dout na nouri e konfòme nanm nou, ak kò nou avèk san li pa travay Sentespri a, se tèlman vre tankou nou resevwa pen konsakre a e nou bwè diven an pou nou ka sonje Redamtè nou an». (Fòmil pou Lasent Sèn nan, Legliz Kretyèn Refòme a).

## 6. Jezi Di Pyè Pral Di Li Pa Konnen L'

Pandan yo t'ap manje Manje Delivrans la Jezi te fè konnen Jida se moun ki pral trayi l' la. Alò, Jida te abandonnen gwoup la, e li t' al chache chèf Jwif yo. Apre Jezi ak disip yo te fin fèt delivrans la ak la Sent Sèn nan, yo te sòti nan chanm wòt la e yo t'al nan jaden Jetsemani, sou mòn Oliv yo. Yo t'ap mache nan lari lavil la bien trankil, e yo kontinye premye chemen ki desann al nan kolin nan, epi yo travèse kannal Sedwon an epi pita yo te kontinye monte pou rive nan jaden an. Pandan vwayaj sa a Jezi t'ap pale avèk yo sou evennman yo ki pral rive byen vit. Li te avèti yo ke yo tout ap pran kouri, epi yo pral menm abandonnen li. Li te di yo, tou sa te deja ekri nan Ekriti a, sa pa di se lafèn an pousa. Y'ap rekipere fèblès krent yo ak mank lafwa yo, apre li ta leve vivan nan lanmò li jwenn yo ankò Galile.

Men disip yo pat kwè yon bagay konsa te ka rive. Se menm jan sa te pase nan yon lòt okasyon, Pyè te pran devan pou l' di li pap janmen kite Kris. Men apre Kris li menm te pran devan pou l' di l' wap nye mwen pandan twa fwa. Pyè te kenbe tèt pou l' fè konnen li dispoze l' pou l' mouri avèk Kris. «Tout lòt disip yo t'ap di menm bagay» (Mak 14:31).

## KEKSYON SOU ETID LA

1. Ki jou Jezi te manje Manje Delivrans la?
2. Ki jan disip yo te jwenn kote yo te dwe manje Manje Delivrans la?
3. Poukisa Pyè te chanje lide konsènan pou l' kite Jezi lave pye l'?
4. Kisa Jezi te montre disip li yo lè l' te lave pye yo a?
5. Kòman Jezi te montre moun k'ap trayi l' la?
6. Sou ki pwen konsènan opinyon manje Seyè a, pwotestan yo ak katolik women yo gen diferans?
7. Ki opinyon Literyen yo genyen sou manje Seyè a?
8. Ki opinyon leglis batis la genyen sou manje Seyè a?
9. Ki opinyon legliz refòme a genyen sou manje Seyè a?
10. Kisa Kris te pwofetize konsènan disip li yo?
11. Ki jan Pyè ak lòt disip yo te aji?

## POU ETID SIMPLEMANTÈ

1. Kisa konvèsasyon Jezi avèk Pyè a vle montre konsènan lave pye?
2. Kisa etablisman la Sent Sèn Seyè a montre sou atitid kretyen yo te dwe genyen pandan y'ap patisipe nan Lasent Sèn nan?

# CHAPIT 11

## M'AP BAN NOU KÈ POZE

### Li Jan 14

## KEKSYON POU PREPARASYON

1. Ki pwomès Jezi te fè disip yo?
2. Kisa Jezi te montre konsènan lòt moun yo nan Divinite a?

## ENTWODIKSYON

Jan 14-17 fòme yon pòsyon esepsyonèl nan Nouvo Testaman an. Jan anrejistre nan de chapit sa yo kèk nan pawòl ki pi ebranlab Jezi te di. Pandan twazan li te pase avèk disip li yo. Yo te mache milye de kilomèt ansam, yo te konn pase grangou ak swaf ansanm. Yo te fè fas ak danje yo ansanm. Jezi rive konnen yo byen, e li te renmen yo anpil tou. Li konnen lafwa yo te fèb e yo ta pral ebranle lè yo wè Jida trayi li epi yo pran l' mete nan prizon. Se pou sa li vle rekonfòte yo pou ba yo kouraj. Li te prepare yo nan tout fason pou evennman danje yo pral temwen pandan vennkatrè a. Ki jan nou dekouvri kè Jezi ki gen anpil lanmou nan chapit sa yo! Kwak li menm ta pral pase anba yon moman touman ak agoni espirityèl okenn nonm pap janm ankò fè esperyans, li te enkyete l' pou bezwen disip li renmen anpil yo.

## 1. Chemen An

Jezi kòmanse konvèsasyon l' la ak disip li yo, pou l' di yo ke yo pa dwe rete tris. «Pa kite bagay sa yo toumante tèt nou. Mete konfyans nou nan Bondye, mete konfyans nou nan mwen» (Jan 14:1). Epi li ba yo kèk bon rezon pou yo pa toumante yo. Li pral kote Papa a pou l' prepare yon plas pou yo. Apre sa, lè tout bagay fin prepare l'ap tounen vin chache yo pou yo ka ale menm kote ak li. Sa ki plis pase sa, li di yo, yo deja konnen chemen pou rive kote l' la. Toma pat kapab asepte sa, paske li doute anpil nan kè l' ki fè l' pat konprann kote Jezi prale. Repons Jezi te ba li a se yonn nan pi gran vèsè yo nan Labib. Nan repons sa a Jezi prezante tèt li menm tankou chemen an kote nou kapab pase pou rive kote Bondye, tankou laverite a kote nou kapab konnen Bondye, e tankou lavi a nan sa nou kapab viv avèk Bondye e nan Bondye. Se sèlman nan Jezikri la posib pou nou rive al jwenn Bondye.

Kòman lèzòm kapab gen kouraj pou yo kache deklarasyon sa a Jezi te bay la? Lèzòm toujou ap chache lòt chemen pou y'al jwenn Bondye paske yo pa vle resevwa sa Bondye te ba yo. Yo vle chache delivrans la pou kont yo menm. Men, nou konnen pa gen lòt chemen yon moun kapab pase pou apwoche kote Bondye. Se sèlman ak relasyon vivant nan Jezikri a nou kapab apwoche bò kote Papa a.

## 2. Kris Ak Papa A

Filip te mande «Senyè, montre nou Papa a. Se sa ase nou bezwen» (Jan 14:8), li fè Jezi pale sou relasyon ki gen ant li menm ak Papa a. Demann Filip la fè wè byen klè ankò li pat konprann ki moun Jezi ye. Lè Pyè te konfese Jezi se Kris la, Pitit Bondye vivan an, san dout Filip te dakò. Men li pat konprann byen kisa sa vle di, Jezi ak Papa a te fè yonn nan. Petèt lòt disip yo te gen menm pwoblèm nan tou. Avèk tout senserite difikilte nou gen pou konprann doktrin trinite a; se yon mistè a. Alò, Jezi te montre klèman li te vini sou latè pou fè lèzòm konnen Bondye, e li revele Bondye pafètman paske li menm tou se Bondye li ye.

Pwomès la reponn lapriyè yo a gen yon relasyon etwat ak deklarasyon Jezi bay sou li ak Papa a se yonn nan. Li te pwomèt, si disip yo mande kèk bagay nan non li, la ba yo li. Konsa, Jezi asire ankò li se Bondye, paske se Bondye sèl ki kapab reponn lapriyè lèzòm. Men li di ankò la priye Papa a, epi Papa a pral voye Sentespri a. Donk, li ba yo la a de gwo kokenn doktrin nan egalite pafèt: Jezikri se Bondye, kwak li vini sou latè pou l' fè domestik Bondye. Pa konsekans, li reponn lapriyè a, e sepandan, li sipliye Papa a pou l' voye Sentespri a.

## 3. Kris Ak Disip Yo

Kwak Kris di l'ap kite disip yo, li asire yo li pap kite yo pou kont yo, osinon l'ap tounen vin jwenn yo. Sa bay referans pwomès retou pèsonèl li nan dènye tan, menm jan tankou vini Sentespri a. Pa mwayen Sentespri a, Kris abite nan kè ki moun pa l' yo. Akòz li pral voye Sentespri a li te kapab di disip yo, «Sonje sa byen: mwen la avèk nou toulejou, jouk sa kaba» (Matye 28:20).

Jezi te pale yo sou siy la k'ap montre disip yo pou rekonèt li renmen yo tout bon tou. Paske renmen an se yon santiman, sa fè li difisil pou nou di si nou renmen LeSeyè tout bon ak tout kè nou. Se poutèt sa nou dwe reyèlman demontre yon prèv nan sa nou kapab asire nou ke nou renmen l' tout bon. Se li menm menm ki bay prèv la. «Moun ki asepte kòmandman m' yo, ki obeyi yo, se moun sa ki renmen mwen» (Jan 14:21). Lè nou montre renmen avèk devosyon nou genyen pou Bondye nan kè nou, nan obeyisans pawòl li, li pwomèt nou, «Papa m' va renmen moun ki renmen mwen. Mwen menm tou, ma renmen l', epi ma fè l' wè mwen». Jezi te fè anpil moun wè ouvètman, men se moun ki renmen l' yo li fè wè l' kòm Sovè a.

## 4. Benediksyon Final Yo

Pawòl yo ki fini chapit sa a fè nou sonje istwa fanmi Jakòb nan Ansyen Testaman. Lè li te fin granmoun li te sanble li pap manke anpil tan pou l' mouri, li te rasanble tout pitit li yo e li te ba yo dènye benediksyon l'. Lè lanmò Jezi t'ap rive pou l'al mouri sou lakwa, li te reyini tout disip li yo li mete yo chita, yo se pitit espirityèl li, e li beni yo tout.

An premyèman, li pwomèt l'ap voye Sentespri a pou li ka vin Mèt yo. Jouk kounye a gen plizyè verite toujou yo dwe aprann, men yo poko prè pou resewa yo. Sentespri a ap kominike yo verite sa yo. Malgre Jezi te pase twazan ap montre yo, kwak sa yo pat konprann tout bagay. Sentespri a va ede yo sonje, konsa ya memorize sa Seyè a te di yo a ankò, epi tou ya kapab konprann li.

An dezyèman, Jezi bay disip li yo kè poze. Li pat bay li tankou lemonn bay li a, paske se dezi a sèlman ak espwa va gen kè poze. Reyèlman li fè moun ki nan afliksyon yo vin gen kè poze. Li montre sa ki pral pase. Li di yo sou aparans destriksyon an ki sanble li gen batay la nèt la. Li pale yo sou laglwa ka vini apre soufrans yo a. Toutotan y'ap aprann pou kontanple triyonf efikas la ki nan pasyon an, se konsa lajwa ap debòde nan kè yo.

Fraz «M'ap ban nou kè poze a» nan (Jan 14:27) la se yon referans tou sou kè poze ke pechè a jwi lè l' konnen li vin jis devan Bondye. Se poutèt sa, kretyen yo nan tout epòk yo te toujou konsidere chapit sa a bèl anpil.

## KEKSYON SOU ETID LA

1.  Sou ki sa Jezi te baze pou l' di disip yo yo pa dwe fè kè yo tris?
2.  Poukisa disip yo te dwe deja konnen ki chemen Jezi t'ap fè?
3.  Kòman lèzòm kapab konnen Papa a?
4.  Ki relasyon Jezi genyen avèk Papa a?
5.  Ki pwomès Jezi te bay disip yo nan Jan 14:12-18?
6.  Nan ki de fason Jezi ap tounen vin jwenn disip li yo?
7.  Kòman nou kapab konnen nou renmen Jezi?
8.  Poukisa Jezi pat fè lemonn wè l'?
9.  Ki travay Sentespri a pral fè?
10. Poukisa disip yo ta dwe kontan paske Jezi t'ale?

## POU ETID SIMPLEMANTÈ

1.  Kòman Jezi ap prepare yon plas pou nou nan kay Papa l'?
2.  Esplike Jan 14:12.
3.  Kisa sa vle di: << Mande nan non Jezi?>>
4.  Nan ki sans Papa a pi gran pase Kris? Jan 14:28.

# CHAPIT 12

## SE POU N' FÈ YONN AK MWEN

Al li Jan 15

## KEKSYON POU PREPARASYON

1. Poukisa Jezi te itilize figi pye rezen an ak branch yo pou fè deskripsyon relasyon ki egziste ant li ak disip li yo?
2. Ki kalite siy yo ki karakterize yon moun se kretyen li ye?
3. Ki atitid lemonn montre anvè Kris ak disip yo?

## ENTWODIKSYON

Yon dènye fwa Gran Mèt la kanpe devan ti klas li ak elèv yo avèk anpil pasyans l'ap montre. Travay anseyman li, prèske fini. Nan yon ti tan, disip yo pral resevwa yon gwo kou lè ya wè Mèt yo ap soufri e mouri tou. Ya gen pou pase esperyans lajwa lè l' leve soti vivan nan lanmò a. Epi pita ya kontinye prezante Mèt yo a nan yon lemonn ki pèdi nan tènèb peche a.

Nan chapit 14 Levanjil selon Sen Jan, nou jwenn pawòl konsolasyon Seyè nou an anrejistre. Nan chapit 15 la nou jwenn pawòl enstriksyon l' yo; Jezi montre disip li yo la a relasyon li avèk yo, relasyon disip avèk disip, ak relasyon disip yo avèk monn nan.

## 1. Pote Anpil Fri

Premye pati nan leson sa a pa pale sou pote anpil fwi a. Jezi itilize figi pye rezen an pou montre disip li yo yo dwe pote fwi. Tout detay sa yo fè yonn nan pwen prensipal sa a. Papa a reprezante kòm travayè a ki kiltive jaden an, li koupe e boule branch ki pa bay fwi, e netwaye branch ki bay fri yo, pou yo ka bay plis fwi toujou. Pou pye rezen an donnen se yon bagay ki nòmal e natirèl. Nan konparezon sa a Jezi mande, se yon bagay ki nòmal e natirèl tou pou yon kretyen bay fwi. Paske se siy sa a ki montre si moun se yon kretyen li ye. Yon disip ki pa pote fwi li pa pran pa ak Kris.

Ki kalite fwi disip yo dwe bay? Eske se mennen yon lavi san tach pèsonèl, osinon se gen siksè nan travay li yo, sa vle di, anpil moun konvèti? Byen petèt se toulede bagay sa yo ansanm. Jezi te di disip yo se pou yo rete kontinye travay mèt yo a, epi l'ap ba yo tou sa yo bezwen. Yon pati nan devwa kretyen yo, se pou yo vin sanble ak Jezikri pi plis chak jou, lè yo grandi nan sentete. Yon lòt pati nan devwa kretyen an se temwaye devan lèzòm anfavè Kris. Kretyen yo kontinye travay Jezi a reyèlman lè yo konpli devwa sa yo fidèlman.

Posibleman nou pa konnen si Kris sèvi ak nou pou mennem lòt yo vin kwè nan li. Men sa nou kapab konnen wi, se si nou menm n'ap viv fidèl pou li, pale ak lòt yo sou li. Si reyèlman nou fè sa n'ap pote fri pou li.

Kòman n'ap rive vin bay donn? Fè yonn ak Kris? Kòman nou kapab fè sa? Eske gen yon fòmil majik pou sa? Absoliman okenn. Fè yonn ak Kris se rete nan lanmou li. Li te deja renmen nou depi anvan nou renmen li. Lè nou mete konfyans nou nan li, na bay anpil fwi.

Gen yon siy ki fè nou konnen si nou fè yonn avèk Kris, «Si nou fè tou sa mwen ban nou lòd fè yo, na renmen m' tou menm jan mwen renmen nou an. Menm jan mwen menm, mwen fè tou sa Papa a te ban m' lòd fè a, mwen renmen l' menm jan li renmen m' tou. Men kòmandman m'ap ban nou: Se pou nou yonn renmen lòt, menm jan mwen renmen nou» (Jan 15:10,12). Sa a se siy ki pou fè lòt moun konnen tou, se moun Kris nou ye. «Si nou yonn renmen lòt, lè sa a tout moun va konnen se disip mwen nou ye» (Jan 13:35).

## 2. Nou Dwe Renmen Yonn Ak Lòt

Jezi di disip li yo ke yo dwe renmen yonn lòt paske li te renmen yo anvan, se sètènman, li te fè yo wè jan li renmen zanmi l' yo, lè l' te dakò pou l' bay lavi li pou yo. Se konsa li fè yo sonje, si yo obeyi lòd li pase yo a se zanmi li yo ye.

Jezi montre jan li renmen disip li yo, paske li te sèvi avèk yo kòm zami, men se pa kòm sèvitè. Nan yon sans yo te domestik, paske fòk yo te obeyi li men li trete yo tankou zanmi lè l' te anseye yo volonte Bondye. Yo mande domestik yo pou yo obeyi; men yo esplike zanmi yo poukisa yo dwe obeyi. Lè Jezi te fè wè entansyon Bondye genyen yo, se yon prèv li montre jan li renmen yo. Jezi manifeste renmen li gen nan kè l' pou disip li yo lè li te chwazi yo pou fè apòt li. Jezi te chwazi avèk amou, men li montre ke yo dwe kontinye swiv li tankou sèvitè. E konsa ya kapab gen asirans Papa a ki nan syèl la ap reponn lapriyè yo. Sa a se yon bagay tout bon wi, nan fason espesyal li trete apòt yo. Jezi li menm, li prepare yo pèsonèlman, pou yo fè apòt. Men le di nan yon lòt kote, se yon bagay tout bon vre nan chak kretyen tou, nou vin jwenn Kris. Paske nan menm tan se li ki te chwazi nou e li te deziye nou pou nou ka fè sèvitè li. Paske li te renmen nou anpil, nou dwe renmen nou yonn lòt.

## 3. Monn Nan Rayi Nou

Jezi te avèti disip li yo lemonn va rayi yo. Lemonn te rayi Kris; alò moun pa l' yo dwe espere menm trètman an tou. Epi rayisab sa a tonbe sou chak kretyen paske Kris chwazi nou nan monn nan. Li fè nou vin diferan, epi lemonn rayi nou paske nou vin moun diferen ak yo. Nou se sèvitè Kris e lemonn rayi Seyè nou an. Lemonn rayi Jezi tou paske yo rayi Bondye. Si yo pa renmen Bondye, yo pa kapab renmen Pitit li nonplis. Si yo pa renmen Pitit la, yo pa kapab renmen moun k'ap sèvi li.

Poukisa lemonn rayi Pitit la konsa? Paske pitit la te fè lèzòm pechè wè jan yo te pechè. Akòz lavi l' ak anseyman li ki revele sentete pafèt Bondye Papa a. Lè lèzòm wè sentete Jezi a fè yo sonje eta pechè yo. Yo pat dispoze pou yo admèt se pechè yo ye; alò, yo dwe rayi Jezi ki t'ap montre yo eta peche yo gen nan yo a.

Si lemonn rayi Jezi, kòman fè pou apòt yo ta ka konprann lèzòm ta kwè nan li? Yon moun kapab panse reyèlman rayisab sa a ka anpeche travay apòt yo. Men Jezi te pwomèt yo li pral voye yon konsolatè, se li ki Lespri verite a. La travay ansanm ak disip yo. Lè yo bay temwayaj sou levanjil Kris la, Sentespri a ta temwaye nan kè lèzòm. Epi paske se Bondye k'ap travay nan kè lèzòm, apòt yo ta kab tann pou lèzòm kwè nan mesaj la. E sa se yon gran verite jouk jodia. Lèzòm kwè nan levanjil la paske Konsalatè a jouk jounen jodia, ap ba yo temwayaj sou Jezi.

## KEKSYON SOU ETID LA

1. Ki figi langaj nou jwenn nan Jan 15:1 genyen?
2. Nan ki sans Kris se tankou yon pye rezen?
3. Nan ki sans kretyen yo se tankou branch yo ye?
4. Nan ki sans Papa a se tankou yon travayè?
5. Ki siy yo ki montre moun ki kwè nan Jezi yo?

6. Poukisa Jezi rele disip li yo «zanmi» kounye a?
7. Poukisa lemonn rayi kretyen yo?
8. Poukisa lemonn rayi Kris la?
9. Kisa travay Konsolatè a ye?

## POU ETID SIMPLEMANTÈ

1. Kòman relasyon ki gen ant Papa a ak Kris, parèt nan relasyon ki gen ant Kris ak disip li yo?
2. Bay kèk egzanp kòman jenn nan lemonn nan lè yo gen 13 a 19 lane, manifeste rayisab modèn nan anvè kretyen yo.

# CHAPIT 13
## LEMONN DEJA PÈDI DEVAN MWEN

Li Jan 16

## KEKSYON POU PREPARASYON

1.  Kisa fiti a sere pou disip yo?
2.  Nan ki sans soufrans Kris yo pote pi bon bagay pou disip yo?

### Entwodiksyon:

Nan Jan 14-16 yo anrejistre dènye mesaj Jezi te bay disip li yo anvan yo te krisifye l' la. Nan Jan 14 nou jwenn pawòl konsolasyon l' yo; nan Jan 15 pawòl enstriksyon l' yo; nan Jan 16 nou jwenn pawòl ankourajman l' yo.

### 1. Kisa Fiti a Sere?

Kris pat janm ankouraje disip li yo ak yo fo pwomès, ni di yo demen sa ap pi bon. Tout okontrè, li te deja fè yo konnen ya gen pou sibi pèsekisyon ak eskominyon. Nan yon lòt mo, yo dwe resevwa menm trètman Kris te resevwa nan men lenmi l' yo. Alò, paske lèzòm pa renmen Bondye ni Seyè Jezikri, sa sifi pou yo pèsekite disip Kris yo. Nou ka wè se moun ki di se relijyez yo ye yo menm ankò ki pèsekite disip Kris yo tou. Anseyman sa a fè nou sonje mesaj sou mòn nan: «Benediksyon pou nou lè moun va joure nou, lè ya pèsekite nou, lè ya fè tout kalite manti sou nou paske se moun pa m' nou ye. Fè kè nou kontan. Wi, nou mèt kontan nèt, paske yon gwo rekonpans ap tann nou nan syèl la. Se konsa yo te pèsekite pwofèt yo ki te vini anvan nou» (Matye 5:11 e 12).

## 2. Nouvo Revelasyon An

Nan dènye mesaj la, Jezi t'ap mare anpil lide ansam pou fè konnen li pral kite disip yo byen vit. Disip yo te santi yo trè dekouraje pou sa. Yo pat sipòte tande lide Jezi pral kite yo a. Men sepandan Jezi pral montre yo ale l' la reyèlman ap pote anpil benefis pou yo. Li pat vle di yo sa lontan paske li te la avèk yo. Yon enstriksyon konsa pat nesesè sinon jouk lè l' te pare pou l' pati a. Alò, kounye a lè a rive pou l' fè yo konnen nouvo lide sa a. Epi menm lè Jezi ta va ale, disip yo ap bezwen konnen plis bagay toujou. Va gen kèk nouvo keksyon k'ap soti nan tèt yo ke yo gen pou reponn yo. Se pou rezon sa a ki fè Kris li menm, li pwomèt Sentespri a ap vini tankou Mèt la k'ap gide yo nan tout verite. Nou wè la a doub lanmou Jezi gen pou disip yo. Li bay li ak konesans ki nesesè nan menm moman yo te bezwen l' la. Li mennen yo ansanm ak li, jouk tan yo vin rive konprann bèl mèvèy travay redanmsyon, Mèt yo a.

## 3. Tristès La Tounen Kè Kontan

Lide Jezi ta pral kite yo, epi answit l'ap tounen vin jwenn yo a, te twò difisil pou disip yo te konprann ni. Yo te kòmanse mande yonn lòt sou kisa Jezi t'ap pale. Li te konprann konfizyon yo a epi se pou sa li te vle fè yo konprann plis sou pati li a. Li pat vle ba yo yon deskripsyon vèbal sou lanmò l' sou lakwa. Yo pa t'ap ka gen kapasite pou konprann lanmò li, sinon jouk lè lè a reyèlman ta rive. Tout okontrè, li te fè yo konprann ki jan ya dekouraje lè l'ale, epi lajwa ya tounen genyen lè ya wè li ankò. Sa a se yon kè kontan yo pap janm pèdi. Kè kontan sa a va fè vin gen yon nouvo kontak ak Papa a. Ya kapab lapriyè nan non Jezi e ya gen asirans Bondye va reponn lapriyè yo.

Jezi te montre disip yo pou yo, «pale andaki». Men lè a ap rive pou sa fini. Li pa manke anpil tan pou l'al jwenn Papa l'; epitou, li ta posib pou l' di yo tout bagay klè. Sa te ede disip yo anpil. Li te di, yo te deja konprann sa, epi yo kwè li se moun Bondye voye nan lachè a. Anreyalite, yo pat ankò gen yon lafwa fò, o yon konpreyansyon ki klè sou sa Jezi t'ap di yo. Lè lè a rive vre pou y'al arete Jezi, yo tout te gaye kò yo e yo te kite li konplètman sèl, pou defann tèt li devan lenmi l' yo.

Nan dènye vèsè Jan 16 la nou jwenn yon rezime sou sa Jezi te di nan konvèsasyon l' ak disip yo. «Mwen pale konsa pou nou kapab gen kè poze nan mwen. Nou gen pou n' soufri anpil sou latè. Men, pran kouraj, lemonn deja pèdi devan mwen» (Jan 16:33).

## KEKSYON SOU ETID LA

1. Ki esperyans ki t'ap tann disip yo?
2. Poukisa Jezi te oblije tann moman sa a pou l' te pale disipi yo sou pati ak retou l'?
3. Nan ki sans pati Jezi a, te ka yon avantaj pou disip yo?Ki travay Konsolatè a genyen?
4. Ki relasyon Konsolatè a genyen avèk Kris?
5. Ki anseyman disip yo pat kapab konprann nan?
6. Ki konsolasyon Jezi te ofri yo?
7. Ki pwomès konsènan lapriyè nou jwenn nan Jan 16?
8. Ki kote yo jwenn lapè kretyèn nan?
9. Montre kòman chak prediksyon tribilasyon o tristès ekilibre ak yon pwomès kè kontan o lapè.

## POU ETID SIMPLEMAN

1. Poukisa Konsolatè a pat kapab vini anvan Kris te kite monn nan?
2. Kisa Sentespri a fè pou Ou?
3. Ki koneksyon ki genyen ant soufrans yo, lanmò ak rezirèksyon Kris la, e pwomès ki gen rapò avèk lapriyè Kris ban nou an?

# CHAPIT 14

## M'ap Lapriyè Pou Yo

### Al Li Jan 17

## KEKSYON POU PREPARASYON

1. Pou ki moun Jezi t'ap lapriyè nan chanm wòt la?
2. An favè kisa li te lapriyè?

### Entwodiksyon

Apre Jezi te fin konvèsasyon l' nan avèk disip li yo, li te lapriyè. Asireman lapriyè sa a, menm jan tankou konvèsasyon an, se nan chanm wòt la yo tout te pase, anvan yo te sòti pou y'al nan jaden Jetsemani an. Nou pa dwe confonn lapriyè sa a avèk sa li te fè nan jaden an. Ton de lapriyè sa yo diferan anpil. Nan jaden an, Jezi t'ap konsantre l' nan soufrans li ta pral andire yo.

### Nan pati sa a li te enkyete l' pou fiti legliz li a.

1. **Fè Wè Bèl Pouvwa Pitit La**
   Nan lapriyè sa a, ki dènye lapriyè piblik Kris anvan pasyon l' la, Sovè nou an pat mande anyen pou tèt li menm. Malgre li te kòmanse avèk yon demann «Fè wè bèl pouvwa Pitit la», men li bay rezon lapriyè li a «Pou pitit la ka fè yo wè bèl pouvwa ou tou» (Jan 17:1). Pitit la te deja fè wè bèl pouvwa Papa a nan travay li sou latè. Li prèt pou tounen nan laglwa li nan syèl la, konsa li kapab kontinye glorifye Papa a. Nan lapriyè sa a, Jezi gen de gwo kokenn bi nan Lespri li: laglwa Bondye ak byenèt disip li yo.

2. **Se Ou menm ki te ba mwen yo**

Pi fò lapriyè Jezi a se pou disip yo li te fè l' ak pou moun yo ki va kwè nan li pita. Ou pa bezwen panse kòman disip yo te santi yo pandan li t'ap lapriyè a! Li di yo li pral soufri. Li di yo, nou pral kite m´ lè ma bezwen nou. Men kounye a y'ap koute l'ap depouye kè l' devan Papa a anfavè yo. Nan moman sa a, lè Jezi te anfas doulè ki pi di yo, li te enkyete l' pi plis pou disip yo, pase pou pwòp tèt pa l'. Lè l' lapriyè pou disip yo, anreyalite Jezi te lapriyè tou pou plis pase douz. Li di: «Se pa pou yo sèlman m'ap lapriyè, men pou tout moun ki va mete konfyans yo nan mwen lè ya tande mesaj la» (Jan l7:20). Li te lapriyè pou tout sa Papa a te ba li yo epi pou sa ki kwè se Papa a ki te voye l' vin nan lachè a.

## Nan lapriyè sa a Jezi te fè kat demann pou disip li yo:

1. **Jezi te mande pou Papa a pwoteje yo.** Li pat mande pou wete pèp li a nan lemonn nan, men pou yo kapab viv nan li; men pou gen pwoteksyon kont Satan. Nan mitan yon monn ki rayi yo, se pouvwa Bondye sèlman k'ap pwoteje e kap ba yo sekirite.

2. **Jezi te lapriyè pou pèp li a vin yon pèp san repwòch.** Li vle pou pèp la grandi nan sentete. E sa te konpli pou verite Bondye a, nan nenpòt lè lèzòm mete konfyans yo nan verite a, ya viv nan obeyisans Bondye. N'ap pèsevere nan etid Lekriti yo paske lè Sentespri a aplike yo nan kè nou, na grandi san repwòch.

3. **Jezi te lapriyè pou pèp li a mete tèt ansanm.** Li vle pou legliz la manifeste devan lemonn menm inyon sa a ki egziste ant Papa ak Pitit la. Yon legliz ki ini se yon temwayaj pou lemonn divize a. Lemonn va rekonèt yon relijyon parèy k'ap pale sou lanmou konsa, dwe soti nan Bondye. Jezi lapriyè pou linite sa a. «Pou moun ki nan lemonn yo ka rive rekonèt se ou ki te voye m', pou yo ka rive konnen ou renmen yo menm jan ou renmen m' nan» (Jan 17:23). Sètènman, lapriyè Kris la pat konpli nan menm epòk sa a, donk legliz la te divize anpil. Men, asireman lapriyè Kris la anfavè linite a dwe gen yon repons. Nan ki fason Bondye pral fè sa, nou pa kapab konnen l'. Men nou dwe lapriyè e travay pou linite a, paske l'ap pote laglwa pou Bondye.

4. **Jezi mande Bondye pou li glorifye pèp li a.** Li pat santi l' satisfè senpleman, paske pwochènman, la glorifye. Li vle pataje laglwa l' ak pèp li. Li vle pou yo kontanple laglwa etènèl la e pou yo patisipe nan benediksyon l' yo.

## KEKSYON SOU ETID LA

1. Poukisa Jezi te mande pou Papa a fè wè bèl pouvwa li?
2. Kisa Jezi te vin fè kòm moun Papa li te voye nan lachè a?
3. Ki siy idantite moun Jezi lapriyè pou yo a genyen?
4. Poukisa Jezi te lapriyè sèlman pou disip li yo e non pou lemonn antye?
5. Kisa Jezi te fè pou disip yo pandan li te avèk yo?
6. Kisa li mande Papa a pou l' fè pou yo? (Jan 17:12-17)
7. Fè yon lis sou fòm kretyen yo dwe sanble avèk Kris. Jan 18:23.
8. Ki dènye benedisyon Jezi vle pou pèp li?

## POU ETID SIPLEMANTÈ

1. Ki obsèvasyon nou kapab fè sou pwòp lapriyè pa nou, lè nou fè yon konsiderasyon sou lapriyè Kris la?
2. Kisa legliz la ta sanble si lapriyè sa a ta konpli konplètman?

# CHAPIT 15
## PA SA MWEN VLE A

Li Matye 26:36-56

## KEKSYON POU PREPARASYON

1. Poukisa Jezi te dwe soufri agoni Jetsemani an?
2. Ki atitid Jezi te montre pandan trayizon l' ak arestasyon l' la?

### Entwodiksyon

Jezi te lapriyè pou disip li yo nan chanm wòt la; li te lapriyè pou pwòp tèt li nan Jetsemani. Ki diferans ki genyen ant de lapriyè sa yo!

Jezi ak disip yo te soti nan chanm wòt la kote yo te manje Manje Delivrans la ansanm, e kote Jezi te enstwi yo tou sou pati ak retou l' la, epi kote li menm, gran chèf prèt la, li te lapriyè pou pèp li a. Li te mache anpil nan lari lavil Jerizalèm yo, kote limyè nan anpil kay yo te bay remak Manje Delivrans la pat ankò fini. Yo te travèse pòt lavil la epi yo te desann kote ti chemen an ki ale nan vale Sedwon an. Plenn lin nan te klere peyizaj la ak yon ti limyè pal, epi sous Sedwon an, lè lapli livè a fin tonbe, li kouri nan kanal li nan tout lajè l'. Yo te janbe kanal la ak anpil prekosyon epi yo kontinye monte timòn nan lòt bò vale a. Yo ta prale nan Jaden Jetsemani an. La a, nan boukèt bwa sa a kote ki pa gen anpil bri ki toupre lavil Jerizalem nan, Jezi te konn vini souvan pou rafrechi nanm li. Men, fwa sa a, pandan ministè piblik li prèske fini an, li te tounen ti kote ki sen an pou antre nan yon dènye lè nan kominyon l' avèk Papa li ki nan syèl la.

# 1. Lapriyè nan Jaden an

Apenn Jezi rive nan jaden an, li di disip yo pou yo tann li nan antre a. Men li mande Pyè, Jak ak Jan pou antre nan jaden avèk li. Depi yon ti distans ak antre a, disip yo te ka dekouvri pwofondè lapenn ki te anvayi nanm ni. Li di yo «Mwen gen lapenn anpil. Mwen santi se mouri m'ap mouri. Rete la avèk mwen» (Matye 26:38). Alò li t'ale lapriyè. Li te lapriyè twa fwa, e apre chak fwa, li te tounen kote twa disip yo ye a, li te jwenn yo ap dòmi. Ak tout bon sans li li te reveye yo, «Kòman? Nou pa kapab rete je klè yon ti kadè avèk mwen! Pa kite dòmi pran nou, tande. Lapriyè pou nou pa tonbe anba tantasyon. Lespri nou byen dispoze, men kò nou fèb» (Matye 26:40-41). Men chak fwa je ki tèlman fatige yo te refize rete louvri, yo kontinye dòmi. Se te yon moman difisil vwèman! Pyè ak lòt disip yo ki te toujou ap di yo pap janm kite Mèt yo a, yo pat menm ka rete avèk li san yo pa dòmi ni yon ti kadè.

Kisa Jezi te mande? Malgre pawòl li te di lè l' t'ap lapriyè pandan twa fwa yo lejèman te diferan, men panse a anreyalite se menm bagay li te ye. Li te lapriyè Papa l' pou l' wete gode soufrans la devan je li, si li posib. Men an menm tan tou li te lapriyè se sa Papa a vle a ki pou fèt.

Lè Jezi te lapriyè pou Papa a wete gode soufrans la. Li te konnen li dwe mouri. Li te konnen li dwe mouri tankou moun k'ap pote tout peche nou yo. Peche tout pèp li yo ap depoze sou zepòl li, epi se li k'ap vin konsidere tankou moun ki reskonsab tout peche sa yo. Li te konnen ke Papa l' ki nan syèl la ta pral abandonnen l'. Se te yon panse terib. Lè l' konsidere li ta gen pou l' afwonte soufrans sa yo se te prèske plis pase sa Seyè nou an ta ka sipòte. Se poutèt sa li te mande Papa a si li posib pou l' wete gode soufrans la devan je l' la. Li te vini nan lachè pou l' delivre pechè yo, «Li vin bay lavi l' pou delivrans anpil moun» (Mak 10:45). Li toujou rete fidèl nan bi sa a. Lide ki te gen dèyè lapriyè li fè Papa a, se sa a: Papa, si li posib pou sove pèp ou ba mwen an san m' pa peye pri enfreyab sa a sou la kwa, fè l' konsa. Men si pa gen lòt fason, epi si ou voye m' pou sa, ak tout plezi m' mwen dispoze pou m' remèt mwen pou itilize m' kòm Sovè ki dwe soufri pou lèzòm. Se pou plan pafèt ou a reyalize nan mwen.

## 2. Trayizon An

Pandan Jezi t'ap pale avèk disip yo, yon gwoup nèg ame avè nepe ak baton t'ap swiv menm chemen Mèt la te mennen disip yo, apenn yon ti moman anvan sa. Klate limyè fanal yo t'ap klere nan rak bwa yo a mezi yo t'ap monte kòt la, depi Sedwon jouk rive Jetsemani. Jezi te konnen kilès yo te ye. E li te di, «Leve non, ann ale. Men moun k'ap trayi m' nan ap vini». (Matye 26:46). Jezi te kapab degrengole chape kò l' fasilman deyò jaden an, pou eskive soldat ki t'ap vin arete l' yo; men li te mache al jwenn yo.

Nan jaden fènwa a, Jida te bay remak pou montre ki moun ki Jezi a ak yon bo. Se te avèk zak malis sa a Jida te konpli konpwomi dyabolik li te fè ak chèf prèt yo. Li rann li posib pou y'al arete Jezi yon kote trankil kote ki pa gen danje anpil moun.

Jezi te kapab evite yo arete l' fasilman, kwak li te fas pou fas ak solda yo. Li te di Pyè Bondye te kapab ba li douz lame zanj depi li ta mande l' yo. Men li pat vle gad selès sa yo vini. Li te remèt tèt li bay gad solda yo li menm volontèman. Kwak lè yo te mare l' tankou yon bandi ki ta kapab vle chape kò l', li pat pwoteste pou sa. Tou sa te rive jan Bondye te trase plan l' la. Se konsa pwofèt nan Ansyen Testaman yo te pwofetize sa.

## KEKSYON SOU ETID LA

1. Poukisa Jezi te mennen Pyè, Jak ak Jan pou yo rete avèk li nan jaden an?
2. Kisa lapriyè Jezi a te vle di?
3. Ki fòt disip Jezi yo te komèt?
4. Kisa yo jwenn nan Mak 14:43-51 e yo pa jwenn ni nan Matye 26:47-56?
5. Kisa yo jwenn nan Lik 22:47-53 e yo pa jwenn ni nan Matye 26:47-56?
6. Kisa yo jwenn nan Jan 18:1-11 e yo pa jwenn ni nan Matye 26:47-56?
7. Pouki Jezi te refize Pyè ede li?
8. Poukisa Jezi te kite yo arète l'?

## POU ETID SIMPLEMAN

1. Poukisa Jezi te bezwen lapriyè?
2. Kisa nou kapab aprann sou lapriyè nan leson sa a?
3. Lè ou etidye materyèl biblik ki nan nimewo 4,5, ak 6 anwo a nan Keksyon Sou Etid la, detèmine lòd evennman yo pandan trayizon an.
4. Ki relasyon ki genyen ant lapriyè Jezi a ak arestasyon li?

# CHAPIT 16
## DEVAN GRAN KONSEY JWIF LA

Li Jan 18:12-23; Mak 14:53-65; Lik 22:66-71

## KEKSYON POU PREPARASYON

1. Ki diferans ki te genyen ant bi reyinyon gran konsèy la e bi yon tribinal legal?
2. Ki mwayen gran konsèy la te chache pou te kapab ekzekite plan yo te gen nan tèt yo?
3. Sou ki akizasyon yo te baze pou kondannen Jezi?

### Entwodiksyon

Pandan misyon Jezi a, lenmi l' yo t'ap chache mwayen pou yo touye l' plizyè fwa; men yo pat kapab reyalize panse yo a, paske lè Seyè a pat ankò rive. An fen, moman tenèb la te rive sou Jezi tout bon. Kounye a yo te lage li nan men lenmi l' yo ki pat pèdi tan pou y'al touye l'.

### 1. Devan Ann

Apre yo te fin arete Jezi nan Jaden Jetsemani an, solda yo te kondi li lakay Ann. Kwak women yo te wete Ann nan pouvwa chèf prèt la, men se li menm ki t'ap kòmande toujou tankou gouvènè, touswit deyè yon chèf prèt ki pi wo pase l', Kayif, ki te marye ak pitit fi li.

Se yon bagay ki difisil zafè pou rebati evennman jou lannwit sa a nan yon ti kòmantè kout konsa kote evanjelis yo ekri l' sak te pase a. Se posib nou pa gen okenn lòt dokiman sou sak te pase nan kay Ann nan jou sa a, paske Jan konsidere l' tankou yon konvèsasyon prive ant Jezi ak Kayif. Mak li menm fè yon deskripsyon sou sa tankou premyè reyinyon gran konsèy la, epi Lik li menm rakonte l' tankou premyè reyinyon fòmèl gran konsèy prèt la lè l' ta pral fè klè.

## 2. Devan Kayif

Jouk kounye a li te ankò nan nwit lè yo te mennen Jezi lakay chèf prèt la. Li te konvoke Gran Konsèy Jwif la, men manm yo pat ankò rive. Se pou sa Kayif te pwofite opòtinite a pou l' ka pale anprive avèk prizonye a. Li pat enterese pou l' wè si Jezi te koupab o inosan. Paske li te deja deside sa li pral fè avèk Jezi. «Se Kayif sa a ki te bay Jwif yo konsèy sa a: Li pi bon pou nou si yon sèl moun mouri pou tout pèp la!» (Jan 18:14).

Kayif te mande Jezi pou disip li yo ak anseyman li. Jezi pat di anyen sou disip yo, e li pat bay okenn esplikasyon sou anseyman l' la nonplis, yon sèl bagay li te fè Kayif sonje li te anseye anpiblik kote nenpòt Jwif te kapab koute. Te genyen anpil moun ki te tande mesaj li yo, moun sa yo te ka rann temwayaj si yo vle.

## 3. Devan Gran Konsèy Jwif la

Antan gran konsèy la te reyini an, yo pran pòz se te pou jije Jezi yo te rasanble a. Sepandan moun ki konnen anpil sou lalwa Jwif la fè konnen ke anpil aspè nan jijman sa a te ilegal. Sa a se pat yon tribinal legal, paske se te yon reyinyon lenmi Jezi yo pou yo analize kòman yo ta kapab asasinen l'. Depi okòmansman, gran konsèy la te chache bay fò temwayaj kont Jezi. Malgre yo pat kapab jwenn ni de nan yo ki te dakò. Menm moun ki t'ap chache tòde panse Jezi yo konsènan destriksyon ak rekonstriksyon tanp la, yo pat kapab mete tèt yo ansanm nan lide sou temwayaj yo. Epi kwak tout manti sa yo, Jezi pat menm manke di yon mo.

Kòz kont Jezi a te an danje ki te vini pou tè a. Kayif te konnen kisa li te dwe fè. Li te sèmante Jezi. «Nan non Bondye vivan an, m'ap mande ou pou di nou verite a: Eske se ou ki Kris la, Pitit Bondye a?» (Matye 26:63). Depi li te fin fè sèman an, Jezi pat kapab rete ansilans ankò, li ta dwe pale laverite. Li reponn li epi li di: «Wi, se mwen menm. Nou gen pou nou wè m' mwen menm, Moun Bondye voye nan lachè a, chita sou bò dwat Bondye ki gen pouvwa a, na wè m' tou ap vini anwo nyaj yo nan syèl la» (Mak 14:62).

Se tou sa Gran Konsèy Jwif la te bezwen. Chèf prèt la te chire rad li epi li di konsa, sa Jezi t'ap di yo se blasfèm yo ye. Tout lòt manm yo te mete tèt yo ansanm e yo di Jezi dwe mouri pou sa. Alò, apre sa yo bat li e yo krache nan figi li, yo te remèt li bay ofisye yo ki te bat li ak kèk souflèt tou.

Men Gran Konsèy la pat ankò fini ak Jezi. Malgre yo di l' te dwe mouri, men yo pat gen otorite pou yo te siyen penn lanmò a. Se poutèt sa kounye a yo te voye Jezi devan Pilat epi la yo te chache pran tèt gouvènè women an se li ki dwe kondanne l' ak santans lanmò a.

## KEKSYON SOU ETID LA

1. Poukisa yo te mennen Jezi devan Ann premyèman?
2. Nan ki okazyon Kayif te deklare li nesesè pou yon nonm mouri pou pèp la? Gade Jan 11:50.
3. Poukisa Jezi te refize esplike Kayif doktrin ni an?
4. Poukisa li pat kondannen Jezi pou temwayaj fò temwen l' yo?
5. Poukisa Jezi te koupe silans la e li te reponn Kayif?
6. Ki rezilta konfesyon Jezi te fè a genyen ak relasyon karaktè mesyanik li?

## POU ETID SIPLEMANTÈ

1. Itilize liv yo ki gen enfòmasyon biblik pou jwenn nan ki fòm jijman Jezi a te ilegal.
2. Lè Jezi te deklare se li ki Kris la, Kayif te pran deklarasyon an tankou yon blasfèm. Si ou ta avoka defansè Jezi, kòman ou ta reponn akizasyon sa a?
3. Si Jwif yo te kapab lapide Etyèn san apwouvasyon women, poukisa yo te konsidere li nesèse pou mennen Jezi devan Pilat pou li te kondannen l'?

# CHAPIT 17

## PYÈ

Li Matye 26:31-35, 69-75; Lik 22:54-62; Jan 18:10-18, e 25-27.

## KEKSYON POU PREPARASYON

1. Ki kalite moun Pyè te ye?
2. Poukisa Pyè te di, li pa konnen Kris?
3. Kòman sa te afekte Pyè akòz li te di li pa konnen Mèt li a?

### Entwodisyon

Yonn nan moman pi dekourajan nan pasyon Jezi a te rive lè apòt Pyè te di li pa konnen l' la. Ensidan sa a te pase nan tout istwa levanjil la tankou yon souvni ki fè wè menm kretyen yo pafwa kapab fayi nan Lesenyè. Leson yo ban nou la a tèlman klè nou pa kapab inyore l'. Men sependan, pou konprann evennman sa a kòrèkteman, fòk nou egzamine ansanm karaktè ak kondwit Pyè anvan yo te arete Jezi.

### 1. Pyè Kòm Dirijan

Ou sonje Pyè se yon pechè pwason nan lanmè Galile l' te ye. Li te yonn nan premye disip Jezi yo. Se te yonn nan twa disip Jezi te pran pou ale kèk kote avè li nan sètèn okazyon espesyal. Se yon bagay ki klè, trè byento li te konvèti l' kòm pòt vwa gwoup la. Pa egzanp lè Jezi te mande: «Bon, nou menm, ki moun nou di mwen ye?» (Mat 16:15). Jezi te poze keksyon an pou tout gwoup la. Men Pyè sèlman te reponn li: «Ou se Kris la, Pitit Bondye vivan»(Mat 16:16). Li te reponn pou tout gwoup la e pita Jezi te pale ak disip yo sou repons Pyè te bay la.

Men Pyè se te yon mesye gronèg. Twop prèt pou pale e aji, plizyè fwa li anklen pale san panse. Lè Pyè, Jak ak Jan te prezan lè figi Kris te chanje a, se Pyè ki te di an premye pou yo bati twa ti tant pou yo kapab rete sou mòn nan avèk Moyiz ak Eli. Men Mak li menm li di: «Li pat konnen sa pou l' te di tèlman yo te pè» (Mak 9:6).

## 2. Lwanj Pyè A

Lè Jezi ak disip yo te kite chanm wòt la, Jezi te pwofetize yo tout yo pral kite l' nan menm nwit la. Pyè te yon mesye ki toujou prese, li te kouri di li pap janm kite Jezi. Menm apre Jezi te deklare l'ap di li pa konnen l' twa fwa, Pyè te ensiste li pap janm di li pa konnen Jezi, menm lè li ta gen pou l'mouri.

Li bon pou nou sonje Pyè pat konfye sou tèt li sèlman. Tout lòt disip yo te fè menm pwomès sa a tou (Matye 26:35). Jak ak Jan te deklare devan lòt disip yo tou, yo te prèt pou soufri ansanm ak Kris la (Mak 10:38-39). Se konsa, nou wè Pyè pat sèl jou nan nwit trayizon an; tout disip yo te mete tèt ansanm, yo chak te ensiste ya rete avèk Jezi. Sepandan, Pyè te alatèt, alò kounye sa rete kòm yon egzanp pòv pou moun ki konsidere tèt yo kòm dirijan.

## 3. Moman Ki Pi Difisil Pou Pyè A

Lè trayizon an te rive, yo te bliye tout deklarasyon konfyans yo te fè yo. Pyè te vle pwoteje Mèt li avèk yon nepe. Men apre l' te manke kouraj li te fè yonn ak lòt ki te kouri yo pou chache pwotèksyon anba tènèb fènwa ki te alantou a.

Kwak Pyè te manke kouraj nan moman sa a, men apre sa li se yonn nan premye moun ki te reprann fòs li. Lè pat gen bri pèsekisyon ankò, kè Pyè pa sèlman te kanpe li pa kouri ankò; osinon li te tounen ak anpil prekosyon, li tap gade a distans pou l' wè kòman solda yo te mare Jezi e yo te mennen l' lavil Jerizalèm. A mezi gwoup la t'ap prale Pyè t'ap swiv li, san dout li te gen yon bon ti distans e li te rete nan fènwa.

Li te jwenn avèk Jan ki t'ap retounen tou kèk kote sou wout la. Yo te swiv foul la ansanm jouk yo te antre Jezi lakay chèf prèt la. Yo te rekonèt Jan isit la, e li te jwenn opòtinite pou l' antre li menm e Pyè tou. Petèt li kapab te antre nan kay la pandan Pyè te rete nan lakou a. Nenpòt jan, se nan lakou a dram li pa konnen Jezi a te pase.

An touka, istwa sou Pyè ki te di li pa konnen Jezi twa fwa a byen koni pou tout moun. Li te manke kouraj ankò. Li te vle fè fas ak solda yo avèk yon nepe; men li pat kapab fè fas ak rega akizatè gwoup la ki te antoure l' bò difè a.

San dout peche Pyè a, te grav anpil. Men te genyen yon gran diferans ant peche Pyè a ak peche Jida a. Pyè te peche nan yon moman feblès; Jida te trayi Kris tankou yon plan ki te deja byen prepare. Men sa ki pi enpòtan an se diferans jan de nèg sa yo te aji. Lè konsyans Jida te fè li santi li koupab, li te touye tèt li. Lè Pyè te rive nan yon menm kondisyon parèy li te kriye e l' kouri al mande padon. Peche Pyè a dwe sèvi kòm yon avètisman pou nou, afen ke nou kapab pran prekosyon pou nou pa di nou pa konnen Kris tou. Repantans Pyè a se yon egzanp pou nou, chak fwa nou fè peche.

## KEKSYON SOU ETID LA

1. Fè yon deskripsyon sou karatè Pyè?
2. Ki bon pwen ou kapab jwenn nan leson Pyè yo lannwit la lè yo te arete Jezi a?
3. Sou kisa yo te akize Pyè lè l' te nan lakou a.
4. Kòman Pyè te reponn moun ki te akize l' yo?
5. Ki sak te pase lè Pyè te di li pa konnen Jezi yon twazyèm fwa?

## POU ETID ADISYONEL

1. Fè konparezon lè Pyè di li pa konnen Jezi a ak peche grav David la, distenge resanblans tankou diferans yo?
2. Nan ki fason nou menm nou di nou pa konnen Jezi tou kèk fwa? Eske nou gen rezon pèsonèl yo pou nou fè l' tankou pa Pyè?

# CHAPIT 18

## PILAT

Li Lik 23:1-25; Jan 18: 28-19:6.

## KEKSYON POU PREPARASYON

1. Eske Pilat te vle krisifye Jezi?
2. Kòman prèt yo ak skrib yo te fòse Pilat pou li te kondannen Jezi?
3. Kòman yo te maltrete Jezi nan jijman sa a?

### Entwodiksyon

Gran Konsèy Jwif la te egzamine Jezi pou yo jwenn yon pretèks pou kondannen l'. Men yo pat kapab egzekite l', paske pi gran penn nan pat depann yo menm. Se pou sa yo te mennen Jezi devan Pilat, gouvènè women an. Fason li te aji nan tribinal la deja montre ipokrizi l'. Yo kondannen yon nonm inosan epi yo mennen l' bay Pilat pou li egzekite l'; men yo pat vle antre nan palè jistis la paske sa ta fè yo rete enpi e enkapab kontinye fèt delivrans la. Pi plis ankò, yo pat janm di Pilat laverite rezon yo yo menm genyen pou kondannen li'.

### 1. Atitid Pilat la

Posibleman, Jwif yo t'ap tann yon koperasyon konplèt bò kote Pilat, paske li te deja fasilite yo kèk solda pou ede yo nan arestasyon Jezi a. Yo te rete sezi lè l' te egzije yo enfòmasyon sou akizasyon yo te genyen kont Jezi a, e lè li te di yo se yo menm ki pou regle zafè a. Men yo pat kapab touye Jezi, amwens ke Pilat ta kondannen l', se pou sa tou yo te akize Jezi trayizan. Yo di Jezi te pretann fè tèt li pase pou wa e li t'ap fè pèp la leve kont gouvèman Wòmen an.

Se sou baz akizasyon sa a, Pilat te egzamine Jezi. Avan lè sa te rive Jezi te rete an silans devan Kayfas e Sanhedrin, men kounye a devan Pilat le bay respons tout keksyon. Li te esplike l' rwayòm li se yon rwayòm espirityèl e li te chache enterese Pilat sou sijè espirityèl yo. Men sak te enterese Pilat li menm, se te sèlman pou l' konnen bagay isit nan monn nan. Keksyon l' nan, «Laverite, kisa li ye?» (Jan 18:38), demontre endiferans li te genyen sou anseyman Jezi a. Pilat pat tann ni li pat vle konnen repons la non plis.

Dapre keksyon Pilat te poze Jezi yo, touswit Pilat te rann kont se avèk yon moun Galide li t'ap pale. Sa montre li te anba gouvènman Ewòd. Nan epòk sa a Ewòd te lavil Jerizalèm. Konsa pou Pilat te ka rezoud pwoblèm sa a li te voye Jezi bay Ewòd, pou l' ta jije l'. Men Ewòd li menm ki te enterese inikman satisfè kiryozite l' sou zafè Jezi a. Lè Jezi pat vle reponn keksyon l' yo, ni fè okenn mirak, Ewòd te voye l' tounen bay Pilat ankò.

## 2. Pwoblèm Pilat La

Lè Jezi te tounen nan tribinal la, Pilat te vle **chache** jwenn rezon pou l' lage l'. Li yon ti jan difisil pou konprann sak t'ap pase nan Lespri gouvènè a nan moman sa a. Li te enpresyone pou wè jan li te trankil, e ak tout konfyans Jezi te genyen an (Matye 27:19). Nan kèk fason gouvènè women sa a te rive santi l' dwe kouri chape kò l nan konplikasyon konplòt Jwif sa a.

Pilat te abitye lage yon prizonye nan dat fèt delivrans chak lane. Li te pwopoze pou lage l' swa Jezi o Barabas. Li te asire foul la t'ap chwazi Jezi, paske Barabas se te yon ansasen l' te ye. Men chèf prèt yo te ensiste foul la mande libète Barabas, e Pilat pat kapab fè yo chanje lide.

Alò Pilat remèt Jezi bay yo pou yo bat li. Pinisyon sa a, pafwa konn tèlman di, poutèt yon ekriven women te rele li «demi lanmò a». Apre yo te fin bat li, solda yo abiye Jezi tankou rwa, epi yo t'ap pase l' nan betiz, yo te fè yon kouwòn pikan mete sou tèt li. Yon lòt fwa ankò Pilat te prezante Jezi bay pèp la. Lè l' gade li konsyans li repwoche l', epi Pilat deklare ankò li pa jwenn okenn fòt nan li. Men foul la te kriye pi fò ak dirijan yo, yo egzije pou yo krisifye Jezi.

Alò Pilat te eseye chache yon lòt chemen. Li te mande dlo e li te lave men l' (Matye 27:24). Li te vle senbolize ak sa ke li te inosan sou san Jezi a. Konsa li te vle fè Jwif yo konnen si yo touye Jezi se te asasinen yo t'ap asasinen l'. Men kwak sa li pat kapab fè Jwif yo kite sa. Yo te admèt yo koupab, e menm lè yo reskonsablite a pase bay pitit yo tou. Pilat pat konnen sa pou l' fè. Yon lòt lè ankò li te vle lage Jezi; men fwa sa a yo te amenase l' repons sa a. «Si ou lage nonm sa a, ou pa zanmi Seza! Depi yon moun ap fè tèt li pase pou wa, se lenmi Seza li ye» (Jan 19:12). Pèdi favè Seza a se te nan yon danje Pilat pat renmen tonbe. Sa te kapab koute l' pèd pozisyon l' ak otorite l'. Konsa menm li te remèt **Jezi** pou yo kirisifye l'.

## 3. Pilat, Enstriman Satan An

Nan leson sa a nou ka wè firè Satan ak rayisab li kont Bondye. Satan te dirije chèf Jwif yo fè desizyon pou touye Jezi. Li fèmen kè yo ak Lespri pèp Jwif la pou l' pa ka wè nan enkredilite l' se Pitit Bondye a l'ap egzije pou yo krisifye. Li te rampli kè Pilat ak anpil krent ak anbisyon pèsonèl tou pou konvenk li pou l' kondannen yon nonm inosan.

## KEKSYON SOU ETID LA

1. Poukisa manm Gran Konsèy la yo pat vle antre nan tribinal la?
2. Poukisa Jwif yo pat vle jije Jezi selon lalwa Jwif la?
3. Ki jan Pilat te evite jije Jezi premyè fwa a?
4. Fè yon lis keksyon Pilat te fè Jezi yo ak repons li te resevwa selon Jan 18:33-19:12.
5. Ki jan Pilat te vle lage Jezi?
6. Nan ki fason Jwif yo te bloke chak atanta Pilat yo?
7. Fè yon konparezon sou fason Pilat, Jezi, ak Jwif yo te aji.

## POU ETID SIMPLEMAN

1. Fè yon evalyasyon sou Pilat etan jij, sèvi avè materyèl leson sa a.
2. Poukisa foul la te asepte Jezi koupab pou lanmò l'?
3. Kòman fòt lanmò Jezi a te tonbe sou Jwif yo? Matye 27:24-26.
4. Eske kounye a, nou dwe rayi Jwif yo poutèt yo te krisifye Jezi? Esplike sa.
5. Eske Pilat avrè di te kapab chape anba reskonsablite pou lanmò Jezi a? Esplike sa.
6. Ki lòt sitiyasyon ki sanble pa Pilat la nou afwonte nou menm? Kòman nou dwe reponn yo?

# CHAPIT 19

## YO PRAN L' EPI Y'ALE

Li Matye 27:27-31; Lik 23:26-32; Jan 19:16

## KEKSYON POU PREPARASYON

1. Poukisa solda yo te maltrete Jezi konsa?
2. Poukisa Jezi te pale ak fanm yo jan li te fè l' la?

## ENTWODIKSYON

Konpatriyòt Jezi yo te kondannen l'. Yo te fòse Pilat, gouvènè women an, pou l' te kondannen l' tou. Kounye a, Pitit Bondye a rete tankou yon kriminèl ap tann pou yo egzekite l'. Tout bagay te pase byen vit. Twazè te gen tan pase depi yo te prezante li devan Pilat premye fwa. Touswit yo te remèt li bay solda women yo pou yo te prepare l' pou kloure l'.

## 1. Solda Yo

Solda yo anchaje pou travay nan kloure moun sou yon kwa a se lejyonè women ki te distenge nan Jerizalèm pou jou espesyal sa yo nan fèt delivrans la. Se te dèzòm ki te gen abilite nan zafè lanmò. Yo pat gen konpasyon pou nonm sa a ki te dwe mouri a.

Solda yo te pran plezi yo pou yo trete Jezi tankou yon wa y'ap pase nan betiz. Yo te deja akize l' te gen pretansyon pou l' vin wa Jwif yo, yo te retire rad pa li sou li, e yo te abiye l' avèk rad wayal. «Yo te trese yon kouwòn pikan mete sou tèt li. Yo te ba li yon ti baton wozo kenbe nan men dwat li, apre sa, yo mete yo ajenou devan l', yo pran pase l' nan betiz. Yo di. «Bonjou, wa Jwif yo!» (Matye 27:29). Apre yo fin pase l' nan betiz kont yo, yo wete rad wayal sou li, epi yo remete pwòp rad li sou li, e yo mennen li pou y'al kloure l'.

Kòm koutim òdinè yo toujou fè moun ki kondannen anmò a pote kwa l' jouk kote yo pral kloure l'. Men solda yo te fòse Simon, yon moun peyi Sirèn, pote kwa Jezi a depi nan pòt lavil Jerizalem jouk rive nan kolin ki te rele Kalvè a. Yo pat fe sa paske yo te gen konpasyon nan kè yo pou bay Jezi libète anba yon tèl soufrans konsa. Yo delivre li anba chaj la sèlman paske Jezi pat kapab fè yon lòt pa ak li ankò. Yo te gen revèy tout lannwit; depi nan fèt Manje Delivrans la, sa te deja fè de nwit li pat manje yon bouche manje, e solda yo te maltrete anpil, avèk britalite.

## 2. Pitit Fi Lavil Jerizalèm Yo

Pandan Jezi t'ap manche pote lakwa li nan tout lari yo, yon foul moun t'ap swiv li. Pami foul moun sa a te gen jenn fi ki t'ap kriye sa demontre doulè yo santi paske yo ta pral krisifiye Seyè a. Byen posib fanm yo se pa moun Galile yo ki t'ap swiv Jezi fidèlman pandan lèv li. Li te rele yo «pitit fi Jerizalèm yo» Poukisa yo t'ap rele konsa pou li? Se paske yo te konnen gwo lenjistis lanmò sou lakwa a, o se paske yo te santi langwas li ta pral pase nan agoni li dwe soufri a? Nenpòt kòman li te ye a, Jezi pat vle wè y'ap kriye. Kwak li te fèb, li vire gade yo, li di yo konsa: «Nou menm, medanm lavil Jerizalèm pa kriye pou mwen tande; kriye pou tèt pa nou ak tout pitit nou yo» (Like 23:28). Pita li te kòmanse anonse yo tribilasyon ki pral vini sou lavil Jerizalèm nan; pwofesi a te konpli nan lane 70 apre J.K. Lè lejyon women yo te demoli miray lavil yo, epi yo te kloure anpil santèn moun alantou lavil la sou lakwa, menm jan tankou yo te kloure Jezi sou yon kwa. Kwak women se te menm yo menm nan reyèlman ki te kloure Jezi sou yon kwa, se pèp Jwif la ki te egzije lanmò l', enben li te gen pou l' soufri menm pinisyon li te egzije pou Pitit Bondye a.

## 3. Vòlè Yo

Se pat Jezi yo te kloure sèl sou lakwa a. Menm jan li te pote kwa l' al Golgota a konsa tou te gen de lòt nèg ki ta pral kloure sou lakwa avè l'. Se mechan o vòlè yo te ye. San dout women yo te arete yo anvan Jezi. Kòm kounye a yo te kondannen Jezi, yo touletwa pral pase anba menm sò a. Konsa tou sa pwofèt Ezayi yo ka konpli «Atout li pat janm fè okenn krim, yo antere l' menm kote ak mechan yo. Atout li pat janm kite manti soti nan bouch li, yo mete l' nan yon kavo nan mitan tonm moun rich yo» (Ezayi 59:3).

## KEKSYON SOU ETID LA

1. Kisa solda yo te fè Jezi?
2. Ki relasyon betiz yo te pase Jezi a genyen avèk akizasyon yo fè pou kondannasyon li?
3. Poukisa solda yo te oblije Simon moun peyi Sirèn nan pote lakwa Jezi a?
1. 4.Kisa Jezi te pwofetize fanm yo lè yo t'ap kriye pou li a?
4. Poukisa yo te kloure Jezi sou lakwa nan mitan de vòlè yo?

## POU ETID SIMPLEMANTÈ

1. Esplike orijin e itilizasyon chemen kwa nan legliz katolik womèn nan.
2. Bay yon ti enfòmasyon sou kloure moun sou lakwa a kòm yon fason pou pini moun.

# CHAPIT 20

## YO TE KLOURE LI

Li Jan 19:18-27; Matye 27:33-44; Lik 23:33-43

## KEKSYON POU PREPARASYON

1. Kisa solda yo te fè pandan Jezi te sou lakwa?
2. Kisa lenmi Jezi yo te fè pandan yo t'ap kloure li?
3. Kisa Jezi te revele sou li menm nan premye twa pawòl li te di yo lè l' te sou lakwa?

## ENTWODIKSYON

Kalvè a se siy dènye moman lavi Jezi. Bagay ki pi enpòtan nan lavi Seyè a se pa nan mèvèy ni mirak li te konn fè yo, ni nan anseyman li te konn ba yo non plis. Jezikri te vini sou latè pou l' mouri pou Sové moun ki nan peche yo e se sou bwa Kalvè a kote li te reyalize plan sa a.

## 1. Solda Yo

Lè Jezi te rive sou mòn Kalvè a, solda yo te kloure li sou yon kwa. Yo te tire men l' yo sou bwa kwa a epi yo te kloure li. Yo te kloure pyè l' yo sou bwa tout dwat. Lè Jezi te rete fikse sou kwa a, yo te kanpe kwa a pou l' rete soufri e mouri la. Yo te gen koutim bay moun yo kloure sou lakwa a bwè diven andwoge. Sa te ede yo nan dènye angoni final la. Li te fè soufrans yo vin yon ti kras mwens. Men Jezi te refize sa. Paske l' te vin pou l' te bwè gode soufrans la, e kounye a gode soufrans la te rive nan bouch li. Li te reziye l' pou l' pran gou anmè a konplètman.

Lè yo te fin kondi koupab yo pou kloure yo sou yon kwa, te gen kèk moun ki pou mache devan ap pote yon pankat kote ki te di ki krim yo te komèt. Pilat te bay lòd pankat ki koresponn Jezi a te dwe di konsa: «Jezi wa Jwif yo» Eske Pilat te kwè sa vrèman? Eske li te dakò Jezi se wa? O senpleman li ekri sa pou mete chèf prèt yo ak skrib yo ki te rayi l' la anfirè? Nou pa gen repons pou keksyon sa a, men nou konnen ak tout sètitid se Pilat ki ekri pankat sa a, e se chèf relijye Jwif yo ki te opoze, byen posib, se te yon afimasyon reyèl konsènan Jezi. Dabò, depi yo te mete pankat sa a sou kwa a, an ebwe, an greg, e an laten, li te fè tout monn konnen klèman nonm sa a yo te kloure sou kwa, se yon wa l' te ye.

Apre solda yo te finn kloure Jezi sou kwa a ansanm ak de vòlè yo, yo te separe rad yo te wete sou viktim yo. Selon koutim women an se sa yo te jwi kòm prifilèj. Nan syèk anvan yo, Salmis la te ekri: «Y'ap separe rad mwen ant yo menm. Y'ap tire osò sou rad mwen an» (Sòm 22:19). Pawòl sa yo t'ap konpli kounye a nan lavi Kris. Chak sòlda te resevwa yon pati nan rad ki gen mwens valè yo. Men pou yo te ka genyen rad entim ki te koute pi chè a, paske se twal bwode, ki fèt yon sèl pyèz san kouti, yo tire osò sou li. Petèt yo te itilize nenpòt kalite zo. Paske sa pat gen okenn inpòtans pou yo si se te yon wa ki t'ap mouri sou la kwa a.

## 2. Lèlmi Jezi pase nan betiz

Lennmi Jezi yo pat ret satisfè dèske yo te kondannen l' pou kloure l' sou yon kwa sèlèman. Pandan yo te pann li sou kwa a nan soufrans li nan agoni li ak doulè li, yo fè yon defile devan li, yo t'ap moke l', e di l' betiz. Yo kwè yo te fini ak Jezi epi kounye a nan pwòp figi li, y'ap selebre triyonf yo.

Lenmi Jezi yo te eksite, men nan menm panse yo nou jwenn temwayaj anseyman Jezi te ba yo ak bon zèv li yo. Yo t'ap di, «Gade li sove lòt, men li menm li pa kapab sove tèt pa li» (Matye 27:42). An vrè di, li te sove lòt. Li pat janm vini pou kraze anyen. Li te vini rachte. Lenmi l' yo te kontinye di: «Li te mete konfyans li nan Bondye, li te di se pitit Bondye li ye. Ann wè kounye a si Bondye va vin delivre li» (Matye 27:43). Yo te admèt Jezi se te yon bon nèg, yon nonm ki demontre gran konfyans li nan Bondye, li pat yon pechè rebèl ki merite lanmò, e kounye a li te resevwa pinisyon li. Ki gran temwayaj ki te soti nan pwòp bouch lenmi l' yo en!

Pawòl ki te blese santiman yo fè wè pat gen mal antannman sou anseyman Jezi yo. Yo te fè akizasyon an devan Pilat, Jezi se lenmi Seza. Men lè yo te kwoke l' sou kwa a yo pat manke pale sou yon tèl akizasyon konsa. Tout okontrè, yo te sonje se Pitit Bondye l' ye, epi li te pretann li kapab kraze tanp la e l'ap rebati li nan twa jou. Yo te menm deklare: «Si l' se wa pèp Izrayèl la, se pou li desann sou kwa a kounye a. Lè sa a, na kwè nan li» (Matye 27:42). Li trè klè, akizasyon yo prezante devan Pilat yo, se te yon plan yo te kreye sèlman, pou yo te ka kondanne Jezi. Yo te konprann anseyman Jezi yo pafèteman byen; men, yo pat vle kwè yo.

## 3. Pawòl Jezi Te Di Lè l' Sou Lakwa a

Pat kapab gen yon pi gran diferans pase sak te genyen ant betiz lenmi Jezi yo t'ap di a ak pawòl Jezi li menm te di yo sou lakwa a. Pawòl yo di nan panse yo te gen anpil rankin, pwazon kont Jezi ki san defans sou lakwa a. Men pawòl Jezi yo, se te pawòl lanmou, li te di pou moun ki te antoure l' yo. Li pat panse nan li menm menm, ni nan bezwen li yo; sinon nan bezwen lòt.

Premye pawòl Jezi te di lè l' te sou lakwa a, se ak Papa Bondye li te pale. Li te lapriyè pou moun ki te kloure l' sou lakwa yo, «Papa, padonnen yo, yo pa konnen sa y'ap fè» (Lik 23:34). Li te lapriyè, pou mande padon pou solda yo ki te kloure l' sou lakwa a. Men lapriyè Jezi a se te pou lemoun antye li te ye. Li te pou pèp ki tap rele: «Kloure l' sou yon kwa!» Epi kounye a se yo menm ki te sèvi temwen pou konpli demann yo a. Paske se chèf prèt yo ak farizyen yo ki te pouse yo pou di sa, yo pat konprann sa yo te fè a. Jezi te lapriyè pou tou sak t'ap aji nan iyorans, ki te mele yo nan konplo pou yo kloure l' sou lakwa a, yo ka rive gen konesans yo te kloure Pitit Bondye a sou la kwa. Li posib lapriyè Jezi a se pat pou chèf yo ki te konnen anseyman li te bay yo, e volontèman yo te kondannen l' amò. Jezi te deja di yo nan yon okazyon: «Si nou te avèg, nou pa ta koupab. Men, n'ap plede di nou wè, mwen wè. Se poutèt sa peche nou antò toujou» (Jan 19:44).

Dezyèm pawòl Jezi te di sou kwa a se pou vòlè repanti a. Vòlè a te mande Seyè a pou l' sonje li. Jezi te reponn: «Sa m'ap di la, se vre wi: Jodia a menm ou pral avè m' nan Paradi» (Lik 23:43). Kwak li t'ap soufri e l t'ap mouri, Sovè nou an te enterese nan nanm lèzòm. Malgre Jezi te pann sou lakwa a, se li ki Sovè Toupisan ki te kapab delivre lèzòm anba pechè. Sa l' te di a, se te yon bon bagay, pou wè yon vòlè te delivre, se pou sa pèsonn pa dwe dezespere; men yon sèl bagay, pèsonn pa dwe tann dènye lè pou vinn jwenn Jezi pou li delivre`l. Menm yon vòlè ki te an agoni sou lakwa kapab sove; men sa pa vle di, nou kapab tann dènye moman lè lavi nou pral fini an pou nou mete konfyans nou nan Jezikri.

Twazyèm pawòl Jezi te di sou lakwa a se ak manman`l li te pale ' ak fanmi l' Jan li te di l'. Li sanble Jozèf, mari manman li te deja mouri. Mari, nan moman sa yo, te pèdi Pitit li a tou. Jezi te enkyete pou manman l', epi se poutèt sa li te bay Jan reskonsablite a, disip li te renmen anpil la.

Depi nou panse nan fason yo te kloure Sovè a sou lakwa a, konsyans nou dwe repwoche anpil. Nan imajinasyon n' nou dwe wè l' kloure la, ap soufri toumant fisik yo, mokri lennmi yo, mepri foul la, epi kwak sa ankò, li remèt tèt li, li menm nan lanmou ak tandrès pou lenmi l' yo, vòlè repanti a e pou manman l'. Se pa ta yon bagay ki etranj pou n' ta gen konpasyon nan kè n' pou li. Kloure Jezi sou lakwa a, se pa yon senp evennman istorik. Se yon evennman pou chak kretyen patisipe an pwofondè nan kè Jezi; ki pou fè nou di menm jan tankou pwofèt la: «Se pou peche nou kifè yo te mete san l' deyò konsa. Se akòz mechanste nou kifè yo te kraze l' anba kou konsa. Chantiman ki te pou nou an se sou li li tonbe. Se konsa li ban nou kè poze. Avèk tout kou li te resevwa yo, li ban nou gerizon» (Ezayi 53:5).

Ay! Se poutèt mwen san Sovè a te koule?
Se poutèt mwen Wa toupisan m' nan te mouri?
Li te gen doulè nan tèt san repwòch li.
Malè! Pou mwen menm yon cheni endiy.

## KEKSYON SOU ETID LA

1. Fè yon deskripsyon sou aktivite solda yo sou mòn Kalvè.
2. Ki tit Pilat te mete sou kwa Jezi a, e ki chanjman chèf prèt yo te vle fè?
3. Ki diferans ki te genyen nan atitid de vòlè yo ki te avèk Kris la sou kwa a?
4. Fè yon lis sou kòmantè lenmi Jezi yo te fè sou li pandan li te sou kwa a. Souliye pasaj ki demontre lenmi Jezi yo te konnen li te yon bon nèg, epi pasaj yo tou ki demontre yo te konprann anseyman Jezi yo.
5. Kilès nan zanmi yo ki te rete avèk Jezi pre lakwa a?
6. Demontre kòman amou Jezi te gen nan kè l' te parèt klè nan twa premyè pawòl Jezi yo.

## POU ETID SIMPLEMANTÈ

1. Kòman yo ka apwouve nan Travay 2 Jezi jwenn repons lapriyè li te fè sou kwa a?
2. Ki sak te pase nan lavi vòlè a ki fè li te repanti, pou li ka kwè nan Jezi?
3. Ki jan moun ki te bò kote lakwa yo te manifeste atitid yo?
4. Ki afimasyon Sòm 22 te di e ki konpli nan lakwa?
5. Ki santiman ou genyen lè ou panse nan lanmò Kris la sou lakwa?

# CHAPIT 21

## EPI LI RENMET LESPRI LI BAY PAPA A

Li Matye 27:45-56; Jan 19:28-37; Lik 23:44-49

## KEKSYON POU PREPARASYON

1. Kisa kat dènye pawòl Jezi te di sou la kwa a vle di?
2. Kòman lanmò Jezi a te touche kaptenn nan ak lòt moun tris ki t'ap gade yo?
3. Ki siy ki vini ak lanmò Jezi sou lakwa a e kisa yo vle di?

## ENTWODIKSYON

Nan chapit 20 an nou wè Jezi kloure sou lakwa. Nou wè, malgre li te annagoni, kwak sa li te enterese nan bezwen lèzòt yo. Nou dwe gen menm vizyon sa Kris te genyen sou lakwa a. Men tou, nou dwe wè sa klè, Jezi te soufri e mouri pou peche pèp li. Se sèlman lè nou apresye soufrans lavi li, sa vle di, li te okipe plas nou, anreyalite se lè sa a na konprann sa lakwa a vle di.

### 1. Pawòl Yo Sou Lakwa

Premyè pawòl Jezi te di yo sou lakwa a se an favè lòt moun li te di yo. Kat dènye pawòl yo baze sou soufrans li. Nan pawòl sa yo nou kapab wè nan pwofondè nanm ni epi tou konprann kèk bagay sou agoni l' la. Konsa tou akòz pawòl sa yo tou nou rive gen yon vizyon sou travay mèveye ki pèfeksyone lè Jezi te mouri sou lakwa a.

Katriyèm pawòl Jezi te di sou lakwa a se te «Eli, Eli lema sabaktani, ki vle di: Bondye, Bondye, poukisa ou lage mwen?» (Matye 27:46). Kri sa a demontre ki kalite soufrans Jezi t'ap andire. Li pa sèlman sipòte agoni fisik lè yo kloure l' sou lakwa a non; osinon se nan moman sa a, tout moun te abandone 'l e yo te meprize 'l, se konsa tou Papa ki nan syèl la te abandonnen l' tou. Li t'ap soufri gwo soufrans agoni ki gen nan lanfè.

Anpil fwa nou toujou panse lanfè tankou se letan dife, paske se konsa Labib di li ye. Men soufrans fizik la se pat aspè pi mal lanfè a. Dife lanfè a se senbòl terib agoni espirityèl moun ki kondanne yo fè esperyans lè yo rete san Bondye. Pouki yo pat vle konnen Bondye pandan yo t'ap viv sou latè, ya gen pou yo pase tout letènite a san li. Se sa a ki vrèman terè lanfè a. Se sa Jezi te soufri sou lakwa. Jezi ki te renmen Bondye, e Bondye te renmen li anpil, li te separe sibitman ak li. Nou pa kapab konprann si gran agoni an se sa li vle di pou Jezi, men nou pa dwe janm bliye ke li te sipòte li pou kòz nou. «Se pou peche nou kifè yo te mete san l' deyò konsa. Se akòz mechanste nou kifè yo te kraze l' anba kou konsa. Chantiman ki te pou nou an se sou li tonbe. Se konsa li ban nou kè poze. Avèk tout kou li te resevwa yo, li ban nou gerizon» (Ezayi 53:5). «Kris la te pote peche nou yo nan kò li sou bwa a, pou nou te kapab mouri annegad peche, pou nou te ka viv dwat devan Bondye» (I Pyè 2:24) Sa montre nou sa Kalvè a vle siyifi.

Lòt Pawòl Jezi te di pandan li tap soufwi nan kò li chaj peche nou. Li te di «Mwen swaf.» (Jan 19:28) Sa kapab vle di toumant agoni l' yo nan lanfè a fini. Lè nanm li te nan toumant la, posibleman li pat konsidere doulè kò li. Kounye a li rann kont yon terib swaf lanmò sou lakwa a kòz li !epi li rele! Kòm repons demann li a, solda yo te gen yon vèso vinèg bò kote yo te ye a, yo te pran yon eponj, yo tranpe l' nan vinèg la, yo mare l' nan yon branch bwa yo rele izòp, yo pwoche l', yo mete l' bò bouch Jezi.

Apre Jezi fin soufri tou sa l' te dwe soufri pou sove lèzòm pechè, li senpman di, «Tou sa ki te pou rive a rive» (Jan 19:30). Pita li te rele fò li di vwa, «Papa! m'ap remèt Lespri mwen nan men ou» (Lik 23:46). Apre l' fin di sa, li te remèt Lespri bay Papa a epi li mouri. Sa se pat menm jan yon moun yo te kloure sou lakwa te mouri. Jeneralman, lakwa a fini ak tout fòs moun nan jouk li fini ak lavi li. Lè li fini presizman ak egzistans li, Jezi rasanble tout fòs li e li te kriye byen fò. Sa fè nou sonje pawòl li te pale okòmansman an yo. «Papa a renmen m', paske m'ap bay lavi m' pou m' ka resevwa l' ankò. Pèsonn pa ka wete lavi m', se mwen menm ki bay li paske mwen vle. Mwen gen pouvwa pou m' bay li, mwen genyen pouvwa pou m' resevwa l' ankò. Se sa menm Papa a te ban m' lòd fè» (Jan 10:17-18).

## 2. Solda yo

Gen de bagay ki te pase solda yo ki te kloure Jezi sou lakwa ki trè enpòtan nan moman sa a. Matye kòm Lik di nou ke kaptenn ki te anchaje solda yo te fè emosyon pou lanmò Jezi a. Matye fè nou konnen, li te di: «Se vre wi, nonm sa a se Pitit Bondye» (Matye 27:54). Lik afime li te di: «Se vreman wi, nonm sa a te inosan» (Lik 23:47). Li posib, n'ap vante tèt nou twòp si nou entèprete pawòl Matye yo tankou ofisye lame a ki te kwè Jezi te yon nonm divin nan. Tit «Pitit Bondye a» kapab sèlman vle di yon gran nonm, yon ewo ki gen pisans. Kaptenn nan pwobabman te di sa nan sans sa a. Kwak sa, temwayaj li a enpòtan paske li fè nou konprann jan l' te emosyone pou lanmò Jezi a. Kaptenn nan te gen koutim wè jan lòt moun yo mouri, men nan lanmò nonm sa, Jezi Nazarèt, li te wè kèk bagay li pat janm konn wè anvan. Li te ret sezi pou fènwa ak tranbleman tè ki pase ansanm ak lè yo te kloure Kris sou lakwa a. Temwayaj li te bay sou lanmò Jezi a, se prèv yon bagay inik ki te pase sou mòn Kalvè a. Temwayaj li baze tou sou tou sa ki te frape lestomak yo. Plent yo te montre yo tout te touche pou evennman ki pa nòmal ki te pase a.

Se pa yon bagay ki etranj pou moun yo te kloure yo te pase plizyè jou pandye sou lakwa a. Men, nan kou sa a jou ki te vini apre a te samdi li te ye e chèf Jwif yo pat vle kò yo te rete sou lakwa. Konsa yo te ale kote Pilat e yo te mande li pèmisyon pou fin touye moun yo, nan sans yo kapab retire kò yo sou lakwa, epi Pilat li menm te ba yo chans sa a e solda yo te kòmanse konpli travay la nan fòm yo te gen koutim fè. Solda yo te krase janm de vòlè yo, men yo pat krase pa Jezi yo, paske Jezi te deja mouri anvan sa. Apre solda yo foure de lans yo nan kè vòlè yo, yo te foure lans la nan kòt Jezi tou, e se san ak dlo ki te sòti ladan l'. Jan te di nou nan moman sa a, san yo konnen sa, solda yo te konpli de pwofesi diferan nan ekriti a.

## 3. Siy Yo

Lanmò Jezi sou lakwa a te vini ak anpil lòt bagay etranj. Te gen tenèb sou tout latè pandan twazè, depi midi jouk rive twazè apremidi. Dapre sa sanble, diran lè sa a, Jezi t'ap pase pi move agoni nan lavi li. Kèk moun di, se Bondye ki te kouri ak yon rido pou lèzòm pa wè Pitit la ap pase gwo agoni an. Kèk lòt moun di tou sa se siy ke Bondye t'ap refize Kris menm jan tankou lèzòm te refize l' la. Toulede opinyon sa yo ansanm sanble yo pwobab, men dezyèm nan sanble li pi aseptab. Tenèb yo nan syèl la sanble yo vle di ke Seyè nou an t'ap pase anba agoni moun kondanne yo.

Bondye te bay lèzòm de siy enpòtan lè Jezi mouri. Premye a: Rido tanp la te chire depi anwo jouk anba. Rido sa a te separe kote sen an ak kote ki pi sen an. Se te rido ki te kouvri je lèzòm ak kote entim Bondye te abite avèk pèp li a. Yon sèl bagay, lè l' chire rido a sa vle di, lanmò Jezikri kaba ak lòd Ansyen Testaman an. Kounye a yo pa bezwen yon prèt, paske gran chèfprèt la te vini e li te fè travay li. Ni yo pa gen nesesite pou fè yon sakrifis nonplis, paske gran sakrifis la deja ofri. Kounye a pa mwayen Jezikri, lèzòm ka rive bò kote Bondye.

Dezyèm nan: Bondye fè tè a tranble e sa kòz wòch yo kase epi kèk tonm ki te toupre lavil Jerizalèm yo te louvri. Sou twazyèm jou a, lè Jezi te leve soti vivan nan lanmò a. «Tonm mò yo te louvri, kò anpil moun ki te mouri te leve vivan ankò, yo soti nan tonm yo. Apre Jezi te leve soti vivan nan lanmò, yo antre nan lavil Jerizalèm kote anpil moun te wè yo» (Matye 27:52,53). Se moun san repwòch ki t'ap dòmi yo ki te leve soti vivan nan lanmò. Li posib sa pat gen lontan depi li te viv lavil Jerizalèm nan menm epòk sa a. San dout Bondye te voye yo pou yo ka sèvi temwen Jezi ap leve soti vivan nan lanmò. Konsa anpil moun te prepare yo pou yo ka tande mesaj apòt yo jou Lapannkòt la epi yo kwè nan li.

Yo fè anpil entèpretasyon diferan annegad sa Kalvè a vle di a. Gen kèk moun ki kwè nan Jezi kòm yon bon Mèt ki te mouri kom martyr pou kòz li. Anpil lòt konsidere Kalvè a tankou yon batay ki pèdi nèt ale. Lè nou egzamine relasyon Bondye ban nou annegad lanmò sou lakwa a nou kapab asepte pwen sa yo. Selon sa Sovè nou an te di, pou pwofesi ki konpli yo ak siy yo Bondye bay yo, nou kwè nan Kalvè Moun Bondye voye nan lachè a te mouri pou l' kapab vin sovè pechè yo. Nou wè nan Kalvè a lanmou Bondye nan glwa ak grandè li. Lè nou konprann reyèlman sak te pase la a sou lakwa na prèt pou chante.

> Mèveye gras li ki san mezi
> Bondie ba li pou tout moun ki kwè.
> Ou, ki yon jou vle wè fas Jezi
> Eske ou a resevoua gras Kalvè?
>
> Yo te kloue Jezi sou la kwa
> E se la Li te mouri pou mwe.
> M'ap viv pou glwa Li sou tè sa a,
> E youn jou m'va wè Li nan sièl la.

# KEKSYON SOU ETID LA

1. Esplike katriyèm pawòl sou lakwa a.
2. Esplike senkyèm pawòl sou lakwa a.
3. Esplike sizyèm pawòl sou lakwa a.
4. Esplike setyèm pawòl sou lakwa a.
5. Ki diferans ki genyen ant premye twa ak kat dènye pawòl sou lakwa a?
6. Ki pwofesi ki te konpli nan solda yo?
7. Kisa kaptenn nan te panse annegad Jezi?Poukisa Pilat te bay lòd fin touye mò yo ki te sou kwa yo?
8. Ki sans ki pi pwobab twazè tenèb la te genyen?
9. Kisa rido a chire a vle di?
10. Poukisa kò moun san repwòch yo te leve soti vivan nan lanmò?
11. Kisa Jezi te konpli sou lakwa?

# POU ETID SIMPLEMANTÈ

1. Ki vèsè nan Sòm 22 ki te konpli nan evennman yo nan chapit sa a?
2. Ki sans lanmò Kris la genyen pou ou?

# CHAPIT 22

## YO TE ANTERE LI AVÈK RICH YO

Li Jan 19:38-42; Mak 15:42-47; Matye 27:62-66

## KEKSYON POU PREPARASYON

1. Ki inpòtans lantèman Jezi a genyen ladan l'?
2. Ki swen zanmi Jezi yo te pran ak kò li?
3. Ki prekosyon lenmi Jezi yo te pran avèk kò li?

## ENTWODIKSYON

Lanmò sou la kwa a te pase. Jezi te remèt Lespri l' bay Papa a, souf li te ale epi li mouri. Moun ki t'ap gade l' yo te panse istwa lavi Jezi a te fini pou yo. Yo panse li te yon Mèt revolisyonè ki te kont gouvènè relijyez yo; li te komèt yon erè epi yo te touye l' pou sa. Yo te wè lavi Jezi fin yon jan tris ansanm ak tout pwomès li yo.

## 1. Lantèman

Sepandan istwa lavi Jezi a pa fini sou lakwa a. Lantèman l' te fèt apre lanmò li. Li ta fasil pou yon moun ki ekri istwa lavi yon grannèg konsa, fini avè l' nan lanmò pi byen pase fineray li. Men evanjelis yo pat fè yon bagay konsa. Kwak te gen anpil bagay ki te pase nan lavi Kris ke evanjelis yo ansanm pat ekri l', yo toulekat konsidere li enpòtan pou yo ekri sou istwa lantèman li.

Lè nou konfese lafwa kretyèn nou avè pawòl Kredo Apòt yo, nou deklare ke Sovè nou an «te kloure sou lakwa, mouri e antere». Sa sèvi kòm yon lòt souvni ki byen enpòtan lantèman Jezi a. Se yon pati esansyèl nan lafwa kretyèn nou.

Poukisa lantèman Jezi a te enpòtan konsa? Pou yon kichòy: li te nesesè pou sèvi kòm preparasyon pou leve vivan nan lanmò a. Lantèman Jezi a te yon siy pou tout moun, li te mouri tout bon. Konsa, lè la leve soti vivan nan lanmò twazyèm jou a, se te prèv pou tout moun ki vle fè fas ak reyalite a, ke Jezi te genyen batay la nèt ale sou lanmò.

Men nou ka wè lantèman Jezi a te gen inpòtans pa l' nan li menm. Se te yon pati nan imilyasyon l'. Pòl di nou Jezi te imilye l' lè l' te konvèti li nan lòm (Filip 2). Epi, li te imilye li pou l' soufri e mouri pou nou. Konsa tou, li te imilye l' pou l' desann nan kavo a pou nou. Nan yon sans kavo a senbolize pisans peche sou lèzòm. «Se poutèt yon sèl moun peche antre sou latè. Peche a louvri pòt lanmò. Se konsa lanmò vin pou tout moun, paske tout moun fè peche». (Wòm 5:12). Konsa lè Sovè a desann nan kavo a li te soumèt anba peche ak lanmò. Li t'ap di lemonn ke li te peye tout dèt peche nou yo. Se vre peche li te mouri pou li a, se pat peche pa l' li te ye, men, «Kris la pat janm fè okenn peche, men Bondye fè l' pran sò nou sou li, yo trete l' tankou yon moun ki fè peche. Konsa lè nou fè yon sèl ak Kris la, Bondye fè nou gras. (II Korentyen 5:21)» Lantèman Kris la se yon lòt soutni pou fè nou sonje li te pran plas nou sou lakwa, li te pote peche nou yo, e li ban nou delivrans nou.

## 2. Zanmi Jezi Yo

Lantèman Jezi a vini ak kèk sipriz. Nou te kapab gen espwa disip yo, apre tout bagay te fin pase, yo bliye krentif yo te genyen e yo vin reklame kò Jezi a. Nou kapab panse yo te vle fè dènye sèvis pou prepare kò l' pou y'al mete l' nan kavo a. Men yo pat prezante. Malgre yo te swiv Jezi pandan tout lèv piblik li, yo te abandonnen li lè l' sanble li te pèdi batay la. Pase nou te wè l' konsa, nou wè se te de nèg nan menm konsèy Jwif la ki te kondannen Jezi, se yo ki te vin mande Pilat kò l', yo te anbale l' nan yon lenn avèk pafen, epi yo te depoze l' nan kavo yon nonm rich. De chèf Jwif yo, tou pè pwoklame Kris kòm Mesi a pandan lavi yo, kounye a yo konfese li kòm Mèt yo apre li fin mouri. Jozèf ak Nikodèm, yo te dwe repanti yo paske yo te rete an silans anvan sa; men kounye a yo te deside pou pale anfavè Jezi selon jan yo aji. Menm lè de nèg sa yo t'ap pran swen kò Mèt la ak anpil renmen nan kè yo, de fanm ki t'ap swiv Jezi avèk devosyon yo te chita la toupre avèk dlo nan je yo, yo tap gade seremoni tris sa a, jouk pou yo wè kò chè Mèt la depoze nan kavo a.

## 3. Lenmi Jezi Yo

Chèf relijyez Jwif yo te fè plan pou touye Jezi. Yo te mennen plan sa a jouk yo rive nan yon konklizyon avèk gran siksè. Yo te kapab repoze yo, lè yo felisite yo paske yo te fè yon bon travay. Men yo pat santi yo gen trankilite ni satisfè paske tout bagay te bon. Yo pat kapab bliye pawòl Jezi yo, «Apre twa jou l'ap soti vivan nan lanmò» (Matye 27:63). Se pousa yo te ale wè Pilat pou yo te di l' pou l' mete yon santinèl veye kavo a. «Konsa, disip li yo pap kapab vin pran kò a pou yo di pèp la apre sa msye leve soti vivan nan lanmò. Dènye erè sa a ta pi rèd pase premyè a» (Matye 27:64). Malgre sanble yo te gen laviktwa, lenmi Jezi yo te pè, pou kèk bagay kapab rive fè plan yo te byen trase a tounen anyen.

## KEKSYON SOU ETID LA

1. Kilès ki te mande Pilat kò Jezi?
2. Kòman Pilat te reponn demann sa a?
3. Kilès ki te ede pou pran swen kò Jezi a?
4. Kòman yo te prepare kò a pou lantèman?
5. Ki lè yo te antere Jezi?
6. Ki kote yo te antere li?
7. Kilès ki t'ap siveye kavo a?
8. Ki demann chèf prèt yo te fè Pilat?
9. Poukisa yo te fè demann sa a?
10. Kòman yo te pwoteje kavo a?
11. Poukisa lantèman Jezi a te gen pwòp inpòtans li?

## POU ETID SIMPLEMANTÈ

1. Sèvi ak yon konkòdans pou montré relasyon istwa Nikodèm te gen avèk Kris.
2. Ki sa fason lenmi Jezi yo te aji a di nou annegad yo menm?

# PATI 3
## TRIYONF MINISTÈ KRIS LA

---

## CHAPIT 23
### Pwemye Maten An

Li Matye 28:1-15; Jan 20:1-18

### Keksyon Pweparasyon

1. Ki bagay ki te rive yo nan premye jou semenn nan?
2. Esplike diferan fason yo te fè disip yo konnen Jezi te resisite?
3. Kisa aparisyon Jezi sou Mari Magdalèn apwe li te finn resisite anseye nou?
4. Kòman li te eksplike rezirèksyon piblik li an jeneral?

### Entwodiksyon

Se anpil fwa pou sonje ke Bib la pa yon liv istwa. Yon liv istwa vle rakonte evennman yon jan pou nou kapab konnen kòman bagay te pase yon apwe lòt. Ekriven ki ekri levanjil yo, yo chwazi evennman ki pi enpòtan yo ki korespon ak objektif yo.

Konsa nou genyen kat levanjil ki diferan nan evennman ki rejistre yo. Pafwa li difisil pou montre yon apwe lòt kòman evennman sa yo te pase. Sa ki sèten nan rapò se jou ke Jezi te leve sòti vivan an nan mitan mò yo.

Men tout ekriven yo etabli klèman ke Jezi te resisite reyèlman nan premye jou semenn la.

## 1. Premye vizit yo nan tonm la

Jouk kote nou kapab di, evennman jou rezirèksyon yo te rive nan lòd sa yo. Te gen yon tranblman tè, de zanj te parèt devan tonm lan, yo te woule wòch la, apwe sa yo te antre nan tonm lan. Nou pa kapab asire ke sa te genyen yon moman egzat rezireksyon an. Jezi te resisite avan medam sa yo te rive. Sètènman li pat bezwen tann wòch woule pou li te kapab soti nan tom nan. Woch la te woule, pou kapab pèmèt lòt antre, men wòch pat woule pou pèmet Jezi sòti nan tom nan.

Avan solè la soti yon gwoup fanm te antre nan janden an pou apwoche tom nan. Yo te ap diskite kòman yo ta kapab debouche tonm nan, lè yap apwoche sibitman, yo jwenn wòch te déjà woule. Imedyatman Mari Magdalènn retire kò li pou bay Pyè ak Jan nouvèl sa a, men yo pat kwè. Yo rete nan antre an. Andedan tonm nan te genyen yon zanj ki te pale ak yo, e zanj te di yo: Jezi resisite. Yo te retire kò yo, yo kouri al pote nouvèl la bay apòt yo. Pandan yo te nan chemen an, Jezi te vin rankontre yo.

## 2. Aparisyon Jezi ak Mari Magdalenn

Reaksyon Mari a te trè diferan ak pa kanmarad li yo ki te wè tonm lan te louvri. Lòt yo te trè pwidan pou pale sa yo te wè, Mari te kouri al jwenn Pyè ak Jan "Yo wete Seyè a kote li te ye a nan kavo a. Nou pa konnen kote yo mete li." (Jan 20:2).

Pawòl bwef sa yo di nou anpil sou Mari. Premyèman, sa montre nou kòmanMari te gen lafwa nan Jezi. Li rele li, "Seyè," sa te montre li kwè ke Jezi se te Kris la. Ni eksperyans lakwa, pat kapab detwi lafwa sa. Men an menm tan, nou wè ke Mari te trè aflije. Nan wè tonm lan ouvè, imedyatman li te fè yon lide ki pat korèk, li te rete tann, men li te kwè sa pi rèd. Li panse ke sa pa te sifi pou kriminel yo, apwe yo fin krisifye'l sou kwa a, sak pi rèd yo, kounyea ni nan lanmò li lenmi yo pa kite kò li anrepo.

Lè Pyè ak Jan te kouri ale nan jaden an, Mari te swiv yo pi dousman. Setènman li tè ap kriye nan chemen an. Lè li te rive nan kavo a, Pyè ak Jan te deja wè ke li te vid. è ke mòso dra yo te depoze la. Deja yo te dispoze pou wete kò yo, men Mari te rete pou kontanple kavo a kote yo te depoze kò Seyè li a. Ant dlo ki nan je li, li te wè de zanj te chita kote kò Jezi te depoze a. Byen si sa tap kapab ede sòti nan erè sa a. Men afliksyon Mari te anpil, ke li pat konprann sa je li yo te wè a. Menm keksyon zanj yo "Fanm, pouki sa wap kriye?" (Jan 20:13). Sèlman li te sèvi pou wete tristès afliksyon li an. Li te retounen san li pa di yon mo, e li te jwenn avèk Jezi devan li. Ankò li pat kapab konprann sa ke li te wè a, li te kwè se te jadinyè a. Li pat wè akòz yon gran doulè li te gen pou Jezi.

Nou pa dwe kondane Mari pou tèt li pat kapab konprann keksyon zanj yo. Pou tèt li te rekonèt Mèt li a. Si Mari pat renmen Jezi anpil, li pa tap souke pwofondman konsa pou evennman jou pase yo. Kondisyon li te mande sansibilite, pa kondanasyon, e Jezi te trete li ak sansiblite. Li te fè Mari sonje li, sèlman yon pawòl: "Mari". Li pat bezwen plis. Repons li "Raboni"(Mèt) vwa Jezi te koupe doulè ak tristès ki tap kraze Mari. "Raboni" se te yon deklarasyon konfyans Mari te fè nan rezireksyon an.

Jezi pa te pèmèt ke li te manyen li, pwiske li pat ankò monte kòt Papa li. Sa se te yon repwoch swa pou Mari. Li te vle kontinye avèk ansyen fòm viv ak relasyon yo, men yon nouvèl lè te kòmanse. Jezi te dwe retounen nan syèl. Pou kapab voye pita Sentespwi sou legliz la. Mari pa te dwe tann yon kòmansman yon vye relasyon ki pase. Li ta dwe mete je li yo nan meyè benediksyon nouvo lè ki va vini an.

Jezi te voye Mari kòt disip li yo avèk mesaj sa, "Map monte bò kote Bondye ki Bondye nou" (Jan 20:17). Se Mari ki te mesajè gran nouvèl sa a. Li pat sèlman anonse ke Jezi te resisite pani mò yo. Li te pote tou bon nouvèl de ke li te resisite pou kòmanse yon nouvo e ekselan relasyon ant disip yo ak Bondye.

Mesaj sa ke Mari te pote a, ede nou konprann sa lakwa vle di. Nou konnen ke se nan la kwa Jezi te pote peche nou yo, li te peye lapenn pou yo. Nou konnen ke se ak sa li te efase fòt nou ak kondanasyon, egzante konsa pinisyon Bondye sou nou. Pinisyon Pitit li a nan plas nou. Men Jezi pat sèlman efase peche nou yo, sinon ke li te ban nou jistis li tou. Li te etabli yon nouvo relasyon ki menm jan avèk sa li genyen ak Papa a. Li priye ak Papa konsa, « Papa mwen ak Papa ou» e « Bondye mwen ak Bondye ou. » Konsa li fè nou sonje sa li te di nou, « Min sa ki te resevwa l' yo, sa ki te kwè nan li yo, li te ba yo pouvwa pou tounen pitit Bondye » (Jan 1:12).

## 3. Evidans Rezireksyon Yo

Nenpòt ki moun ki ta enterese pou dekouvri ki sa ki te rive nan kavo li pap genyen okenn pwoblèm. Gen anpil evidans ki egziste pou montre ke Jezi Nazarèt la te leve pami mò yo. Te gen evidans wòch la ki te woule a, nan pèz ke li te sele avèk sò women ak li te kochte avèk yon bann solda ki tap veye kavo a. Te genyen evidans mòso lenn yo. Sanble ke yo te rete tankou Jezi te tann la: vlope tankou toutotou yon kò, men li vid. Kapichon ki te kouvri tèt Jezi an, te jete. Li pa avèk moso lenn yo sinon nan kote apa. Ak tou, te genyen evidans temwen visib yo, nonm yo ak fanm sila yo ki te wè Seyè an resisite. Yo te pale avèk li, yo te manyen li. Yo pat di nou okenn lòt istwa ansyen ki te byen dokimante konsa tankou rezireksyon Kris la.

## A) Enkredilite Jwif yo

Lennmi Jezi te konnen rezireksyon li imedyatman ke li te rive. Solda yo, apre sezisman sa yo te pase, yo te ale jwenn chèf pwèt pou te rakonte yo sak te pase. Yo te diskite rapó a avèk ansyen yo, yo te deside ki chemen pou yo pran. Yo te peye solda yo pou yo te defann kont disip yo, pou di se disip yo ki vòlò kò a. Pou di se pa neglijans yo sa rive fèt. Pwèt yo te pomèt pwoteje yo si se nesesè.

Istwa sa se yon egzanp ki montre nou jan chèf Jwif te avèg e enkredil. Lidè Jwif yo te refize koute anseyman Jezi yo. Yo te kont li, yo deside krisifye li. Kounyea yo resevwa enfòmasyon dirèk ki montre klèman yo te twonpe, tout sa Jezi te di yo se verite. Plis yo pat vle repanti peche yo. Senpman yo te ap lite avèk plis fòs pou venk Jezi. Aktitid moun sa yo te dwe sèvi yon avertans

Pou nou se pi fasil kwè ke nou kapab jwi jènes nou san Kris, avèk entansyon na vinn jwenn li pita nan lavi a, kanmenm nap resevwa tout benedisyon pou sove nanm nou. Men lè ou komanse refize Jezi, sa pwal fòme yon abitid nan ou chak jou lap vinn pi difisil pou kraze`l. Tankou sa ki te rive avèk pwèt yo, nou menm tou nou kapab rive nan yon nivo ke nou pap kapab aksepte okenn pwèv ke levanjil se pawòl Bondye pou sove lèzom. Ak pou tan nou pap sove. Li pi enpòtan remèt lavi nou bay Kris depi nou timoun.

## Keksyon pou Verifikasyon

1. Kòman wòch la te woule nan bouch kavo a?
2. Sa ki te rive gad yo?
3. Kiyès ki te vini bonè nan kavo a, ak ki motiv?
4. Kisa Jezi te di fanm yo?
5. Eske Mari te wè zanj la ki tap pale ak lòt fanm yo?
6. Ki rezon ki fè Pyè ak Jan ale nan tonm nan?
7. Kisa Pyè ak Jan te wè?
8. Kisa Mari te fè lè disip Jezi te ale nan jaden an?
9. Kisa Mari te resevwa kom siyal rezireksyon an?
10. Pouki sa li pat kapab aksepte yo?
11. Poukisa Jezi pat pèmèt li manyen li?
12. Ki mesaj Mari pote bay disip yo, ki siyifiksyon li genyen?
13. Ki evidans ki montre ke Kris te vwèman leve pami mò yo?
14. Kisa chèf Jwif yo te fè lè yo te resevwa mouvèl solda yo?
15. Ki leson nou kapab aprann sou aktitid chèf pwèt yo?

## Pou Etid Adisyonal

1. Nan ki fòm evennman yo kapab ranje jan ke Matye ak Lik rakonte an rapò ak zanj yo?
2. Ki sa nou konnen sou Mari Magdalenn? Sèvi ak yon konkòdans ak yon diksyonè biblik.
3. Konpare reaksyon Mari avèk Pyè ak Jan.
4. Ki erè gad dwe fè konnen, san se pa vwe, men pou lajan?

# CHAPIT 24

## SEPARE PEN AN

Li Lik 24:13-49

## KEKSYON PWEPARASYON

1. Pou ki sa disip yo pa te kwè temwayaj sou rezireksyon an?
2. Kisa Jezi te fè pou yo ka kwè?
3. Ki komisyon nouvo li te bay disip yo ak kòman Jezi te pwepare yo pou yo te ka konpli misiona an?

## ENTWODIKSYON

Nan istwa de disip Emayis yo, nou genyen egzanp yon gran chanjman ki te rive nan premye jou semenn sila. Pou tèt sa Lik te chwazi tèm sa a, li te mete li nan levanjil li a paske li te wè yon senbòl nan sa ki te rive tout disip yo. Jezi te retire yo nan pwofonde manti yo te ye la, li mennen yo jouk nan rotè yon adorasyon ki te fè yo sezi, lè yo te bay kont ke Seyè yo a te vivan vwèman.

### 1. Kè Chaje Yo

De moun ki pat kapab konsole yo, se te Kleyofas ak kanmarad vwayaj li a, lè yo te kòmanse chemen pou Emayis nan apre midi premye jou semenn sila. Yo te tou yon ti jan sezi pou kèk rimè ki tap kouri pami disip te fè yo jan etranj. Yo tap koute istwa fanm yo ke te ale nan kavo yo te wè de zanj yo. Yo pat asire si sa yo wè ya se yon bagay ki verite o non. Pwobabman yo te genyen la perèz pou kwè nan sa yo wè, yo pat vle soufwi yon lòt foub ankò.

Toudenkou yon moun yo pa rekonèt apwoche toupwè yo pou mande yo poukisa yo tristès konsa, yon sizisman te pwan yo. Apareman moun sa yo pat konnen anyen sou dènye tèrib evennman yo ki te rive nan dènye jou yo. Konsa yo te rakonte tou—Kòman yon gran pwofèt Jezi sa lidè yo te kondane, yo krisifye li nan deyò vil Jerizalem. Yo pat osèvatè enpasyal de tout sa te pase yo. Pandan yo tap temwaye kè te rampli ak tristès. Men nou te genyen espwa se li ki pwal delivwe izrayèl (24:21). Selon konpweyansyon yo, yo te pèdi tout espwa apwe Mèt yo te mouri sou kwa a.

## 2. Kè Cho Yo

Kòman moun sa yo pat menm rekonèt li, yo te sezi le moun etranj te di yo: "A la moun san lonprann! Ki jan lespwi nou fè lou pou kwè tou sa pwofet yo di konsa. Eske se pa pou Kris la te soufri bagay sa yo avan pou l' te resevoua louang li?" (Lik 24:25). Li te di yo ke tout sa se te nesesè ke yo ta rive avan ke Kris ta rantre nan glwa li. Pita li te kòmanse dklare yo ekriti sakre yo. Se pat youn o de vèsè, sinon pasaj apre pasaj nan Ansyen Testaman jouk li fè yo wè avèk tout klète ke sa ki te rive se te jisteman sa yo te dwe ap tann.

San dout de disip yo te santi yo trè soulaje ak sa ki te pase nan Emayis. Men ankò revelasyon ki gen pou vini pou elimine tout dezespwa ak plen nan kè yo pou lajwa. Yo te envite enkoni a pase nwit la avèk yo. Yo te sezi dèske enkoni te pran plas sou tab la kote mèt kay te dwe chita. Li te pran pen an, li te beni li apwe sa li te separe l'. Apwe yon moman yo te konprann ke yo tap mache avèk Seyè resisite a. Se vwe li resisite! Nan menm tan li tap montre yo sou lanmò li ak rezireksyon, yo vinn konprann se te li, epi li disparèt.

Pandan Jezi disparèt la, sa pa te dininye jwa yo. Anseyman Jezi yo te transfòme yo. Figi yo te rete briye akòz jwa yo te eksperimante, yo kite soupe ki te prepare, tout swit yo te retounen Jerizalèm pou yo te pataje bon nouvèl sa yo ak lòt disip yo.

Lè yo te rive nan vil la, yo te jwenn lòt ak anpil emosyon menn jan tankou yo. Yo tap fè anpil efò pou eksplike eksperyans, men vwa yo pat kapab soti klè si tèlman yo te kontan. "Li resisite vwèman, li te parèt devan Simon (Lik 24:34). A la fen yo te rakonte sak te pase nan chemen Emayis.

## 3. Pi Gwo Verifikasyon

Avan ke Kleyofas ak kamarad li te fin rakonte eksperyans yo, yo te note pwezans kèk moun nan chanm nan. Li pat antre nan pòt la. Senpleman li te parèt kote ki pa te gen pesònn. Se te Jezi. Te genyen bwèf lit ant lafwa ak sipètisyon. Pesonn pat prepare pou yon aparisyon tankou sa. Men Jezi te fè yo rete trankil. Li te envite yo, pou yo manyen li pou ke yo kapab verifye ke se pat yon lespwi. Li te mande yo manje e li te manje nan pwezans yo. Yo te sezi e yo te elimine nan tèt yo ke Jezi te pèdi batay la, ki tap domine yo depi lè krisifiksyon an.

Youn nan pwèv yo ki pi gran nan reyalite rezireksyon an, se pwesizman chanjman sa ki te fèt nan disip yo. Nou kapab note espesyalman chanjman Pyè a. Olye la perèz ki fè bay Mèt la do, e li te nye Mèt li. Li te konvèti li nan yon wòch ki gen valè, e, pi devan li va pale ak fòs nan menm asanble ki te bay lòd krisifye Jezi a. Men tou nou kapab wè chanjman sa nan lòt disip yo. Nan plas dekourajman yo te gen lajwa. Yo te kòmanse ap viv viktoryèzman pa rezireksyon Jezi a. Sa te rete byen klè ke eksplikasyon chèf pwèt yo se te manti! Moun kap bay manti pa ka viv eksperyans yon transfòmasyon total tankou sa disip yo te eksperimante a. Sèlman gen yon eksplikasyon pou chanjman radikal ke disip yo te soufwi an. Jezi te resisite pami mò yo.

Rezireksyon Jezi dwe fè nan nou menm efè li te fè sou disip yo. Si se pitit Bondye nou ye, peche pa gen dwa janmen gen fòs sou jis pou li ta detwi nou. Pa rezireksyon li, Jezi kraze tout pouvwa peche ak lanmò, li pote pou nou konfyans ak jawa nan kè nou.

## 4. Nouvo vizyon an

Lè Jezi te parèt sou disip yo se pat inikman pou pwouve yo rezireksyon li nan mitan mò yo. Rezireksyon li te vle di yon bagay espesyal pou yo. Li te make komansman yon nouvo peryòd nan ministè Jezi. Lè li retounen nan syèl la, lap kontinye travay li atravè disip li yo. Pou tan li te komanse pwepare yo pou travay sa a.

Avèk disip ki te reyini yo li te komanse bay menm tip enstriksyon ke li te bay sa ki te nan chemen Emayis. Li te entèpwete yo Ekriti yo. A la fwa li ouvwi lespwi yo pou ke yo kapab konprann enstriksyon yo. Lespwi yo anpil fwa te nan fè nwa pandan ministè piblik Jezi a. Anseyman tradisyonel la, yo te konn koute pandan tout lavi yo, te difikilte yo pou konprann sa pawòl espirityèl Jezi yo te vle di. Kounye a li te touche kè yo e li te louvwi lespwi yo sibitman li te revele yo verite a.

Alò Jezi te ba yo yon nouvo komisyon li te di yo, "Menm jan Papa mwen te voye´m lan, se konsa map voye nou tou" (Jan 20:21). Pawòl Grèg la tradi "voye" soti nan menm pawòl kote te voye siyifi "apòt". Jezi te nonmen yo "moun voye". Se te "voye" sevi Papa l yo te ye. Li te voye nan monn lan pou pote plan redanmsyon an. Kounyea disip yo pwal apòt Kris. Voye yo nan monn lan avèk mesaj redanmtsyon Kris la.

Jezi te mete sou konmisyon sa pouvwa pou yo fè sa. "Li te soufle sou yo e li te di yo, 'Mwen bannou Sentespwi'" (Jan 20:22). Kwakke pouvwa konplèt Sentespwi a pat vini sou yo si non jou la pankòt la, deja yo te pwèt pou resevwa Lespwi a. Avèk don Sentespwi an konfyans te vini de ke yo pwal sèvi tankou repwzantan Kris sou latè. Tankou li te genyen pouvwa padone peche, kounye a li te ba yo asurans ke pouvwa li ba yo a kapab padone peche pèp la. Pwomès Sensespwi an se yon senbòl ke Jezi te soufle sou yo a. Menm pawòl Ebwe a vle di « souf ak lespwi ». Nan fòm sa li se senbòl ke li te transmèt Lespwi li ba yo. Lespwi te vini sou li san mezi. Kounye a li te transfere li bay yo. Menm jan ke li te gen yon ministè ak pouvwa Lespwi a, konsa tou yo va administre tankou anbasadè pou Kris anba pouvwa Sentespwi a.

## Keksyon pou Verifikasyon

1. Kòman Jezi te jwenn avèk de disip yo ki tap mache nan chemen Eamyis?
2. Ki evennman yo te rakonte ki te fèk rive nan Jerizalèm?
3. Ki anseyman li te ba yo?
4. Kòman yo te rekonèt li?
5. Kisa ki te rive lè yo te rekonnèt li?
6. Poukisa yo te retounen Jerizalèm?
7. Kisa yo te di lòt onz disip yo sou aparisyon Seyè a?
8. Kòman disip yo te reyaksyonnen lè Jezi te parèt nan mitan yo?
9. Kòman Jezi te demontre yo ke se pat yon espwi?
10. Kisa Jezi te montre disip yo, nan lapriyè sa?
11. Ki konmisyon li te ba yo nan fwa sa?
12. Poukisa li te bay disip li yo Sentespwi?

## Pou Etid Adisyonal

1. Ki diferans ki genyen ant enkredilite lidè relijye Jwif yo ak enkredilite de disip yo?

2. Konpare entèpwetasyon katolik women yo ak refòme yo, komisyon ke Jezi te bay disip yo. Kiyès li te bay komisyon sa ak pou kiyès komisyon kounye a?

3. Ki efè rezireksyon Jezi dwe gen nan nou?

# CHAPIT 25

## TOMA

Al li Jan 20:19-31

## KEKSYON PWEPARASYON

1. Ki klas moun Toma te ye?
2. Kòman dout Toma yo finalman te ale?
3. Kisa nou aprann sou Toma?

### Entwodiksyon

Nan kat levanjil yo nou jwenn yon kwoki ki koresponn ak kèk nan disip yo, ki ede nou konpwann ki klas nonm yo te ye. San ekzamp sa yo nou ta pwal antre nan panse ke disip yo se te kèk moun diferan ak nou, nou te kapab panse, mesye sa yo pa janmen jwenn ak pwoblèm tankou nou menm. Men si nou gade yo tou pwe, nap jwenn yo byen sanble ak nou. Responsabilite yo diferan anpil antre yo ak pwoblèm yo tou. Pyè se te yon nonm ki te toujou pwan devan pou pale, pafwa menm san kalkile, li fè pwomès ke li pat kapab konpli. Nan Andre nou jwenn yon nonm ki te gen talan odine. Li pat yon dirijan men se te yon sèvitè li te ye. Jak ak Jan se te de zòm anbisye. Lè nou gade disip yo, nou kapab wè yo te sanble anpil avèk nou, nou vinn rann kont, Bondye kapab sèvi avèk nou, menm jan li te sèvi ak disip yo.

### 1. Enkredil La

Toma se te yon enkredil natirèl. Kounye a nou vle pale de yon nonm ki te doute sou tout bagay, tankou enkredil Toma. Petèt nou ta kapab di ke Toma se te yon nonm pesimist le te ye. Li te toujou ap chache bò ki pi mal nan bagay yo. Li te lan pou kwè bon nouvèl yo, men li kwè pi vit nan nouvèl ki mal yo. Nou wè sa yo nan istwa rezirèksyon Laza. Lè Jezi te deside poul al Betani disip yo te vle fè li kite sa. Men lè yo wè yo pat kapab anpeche li, se te Toma ki te di li, "Ann ale, nou menm tou, nou pwal mouri avèk li" (Jan 11:16).

Men si pawòl Toma sa yo te siyale li tankou yon pesimist, yo siyale tou pwonfondè fidelite li anvè Jezi. Li te sèten ke dirijan Jwif yo pwal touye Jezi si yo ta retounen nan Jida. Men li renmen Jezi, se pou tèt sa li te dispoze pou fè fas a kelkeswa danje ke Mèt li ta jwenn.

Pwesizman avan lanmò Jezi, li di disip li yo ke li pwale kòt Papa pou li kapab pwepare yon plas pou yo. Li te pwomèt yo lap retounen vin chache nou, konsa, kote ma ye a, se la na ye tou. "Nou konnen chemen ki mennen kote mwen pwale a" (Jan 14:4)

Yon lòt fwa se te Toma endredil la ki te reponn, "Seyè nou pa konnen kote ou pwale; kòman, donk, pou nou kapab konnen chemen an?" (Jan 14:5). Li te vle rete avèk Jezi men li pat genyen konfyans ke li ta ka rete.

Nou jwenn menm eleman sa yo nan karaktè Toma yo nan pasaj ki te ekri pou leson sa. Toma pat la lè Jezi te parèt sou disip li yo nan jou rezireksyon an. Poukisa li pat la avèk lòt yo? Nou pa kapab konnen sa avèk sètitid men li sanble ke absans li an te dakò avèk nati li. Lè yo te krisifye Jezi, Toma te santi li nan mond la pou kont li. Tout dout li yo te rete konpli. Pwobabman li te vle rete pou kont li. Sepandan li pat separe avèk disip yo. Dout li yo ak laperèz li yo pat wete fidelite li anvè Jezi. Kèk fwa pandan semenn ki vin apre an, li te reyini avèk gwoup disip yo. Posibman kèk moum te bay nouvèl rezireksyon Jezi a. Men Toma te tande temwayaj la, men li pat kwè nouvèl la a mwens ke li ta kapab sèten, si li menm menm ak menm manyen blese kò Kris resisite a.

## 2. Toma Kretyen An

Kan yon senmen te pase ak rive yon lòt dimanch, disip yo te reyini yon lòt fwa nan chanm anlè a. Nan okasyon sa Toma te la avèk yo. Yon lòt fwa ankò, Sovè a te parèt tankou li te fè semenn pasé an. Li te apwoche Toma, li te envite li pwesizeman pou'l ka fè sa ke Toma te di ki nesese a. Pita li te di Toma, "Mete dwèt ou isit la. Men. Gade menm yo. Lonje men ou mete l bo kòt mwen. Wete doutans nan kè ou. Kwè, tande." (Jan 20:27). Lè li te rete anfas Kris resisite a nan jan sa, ak li te dezafi fè pwèv ke li te egzije, kounye a sa pa nesesè ankò. Li te rele imedyatman, "Seyè mwen ak Bondye mwen" (Jan 20:29).

Konfesyon Toma sa pwouve ke tout dout li te genyen yo sou Jezi, kounye a yo disparèt. Li klè ke moun ki devan li se te Jezi menm, chè Mèt li a. Mèt li renmen anpil. Li te rekonèt li tankou Sovè lè li te deklare ke Jezi se te Bondye. La gen yon temwayaj klè divinite Seyè nou an. Konfesyon Toma pa kapab vle di mwens ke sa. Ak Jezi te aksepte temayaj Toma. Li te felisite pawòl Toma te di a, Jezi te rekonèt sa ke Toma te di a se te verite e li te di li ak tout kè li.

Konfesyon Toma gen anpil valè pou nou, pou tout dout li fè o paravan. Toma pat yon nonm dispoze pou kwè nan nenpòt bagay. Pa nati li te yon nonm enkredil. Men pwev la te si tèlman klè, li te oblije kwè ke Jezi te resisite pami mò yo. A sa vle di: ke li genyen pou'l konfese ke Jezi se te Pitit Bondye.

Konfeson Toma se yon pwèv anplis ki monte byen klè, ke se pat disip yo ki te fabwike istwa rezireksyon. Yo pat mete tèt yo ansam an sekwè pou te pibliye yon manti konsa nan tout monn lan. Yo te konvenk pa yon seri de pwèv ki pi gran pase dout yo te genyen anvan.

## 3. Byennere Yo

Jezi te felisite Toma paske li te kwè nan li. Men li te deklare tou "Byennere pou moun yo ki pa wè e ki kwè" (Jan 20:29). Gen anpil moun ki pat gen chans wè Jezi. Ak diveran Toma, yo genyen pou kwè nan temwayaj moun sila yo ki te temwen rezireksyon an. Nou jwenn nou pami yo, ke yo pat genyen opòtinite wè Jezi ni manye men li yo, ni kòt li. Men nou gen ase temwayaj ki ba nou kapasite pou nou kwè. Jan di nou: se rezon sak fè li antre nan levanjil li a bagay ke li te ekri yo."

"Men sa yo te ekri pou nou ka kwè ke Jezi se te Kris la, Pitit Bondye a, e si nou kwè na genyen lavi nan non li" (Jan 20:31). Temwayaj moun ki ekri levanjil yo, yo te ban nou li pou nou kapab rekonèt ke Jezi se vwèman Kris la, tankou Toma, nou kapab konfese li tankou Seyè nou ak Bondye nou.

### Keksyon Pou Verifikasyon

1. Bay pwèv de ke Toma se te yon enkredil pa nati.
2. Bay pwèv ki montre ke Toma te fidèl ak Jezi Kris.
3. Ki pwèv Toma te mande avan ke li ta kapab kwè?
4. Ki menas Jezi te fè Toma?
5. Ki pi gran benediksyon ke Toma te kapab rejwi?
6. Poukisa Jan te ekri levanjil li an?

## Pou Etid Adisyonal

1. Kompare Toma avan e pandan evennman nan chanm wò yo avèk Sòl de Tars avan e pandan konfesyon li. Wè Travay 8:1-3; 9:1-22.
2. Ki evidans nou genyen nan rezireksyon Kris la? Li sifi pou konvenk nou?

# CHAPIT 26

## PWAN SWEN MOUTON MWEN YO

Li Jan 21

## KEKSYON PWEPARASYON

1. Poukisa Jezi te egzekite mirak la pech la?
2. Poukisa Jezi te poze Pyè keksyon, eske ou renmen mwen?
3. Kisa Jezi te di Pyè ki va pase pi devan?

### Entwodiksyon

Lè zanj la te pale avèk medanm yo ki te vizite tonm vid la li te di yo, "Ale di disip li yo, ansanm ak Pyè li ale devan al tann yo nan peyi Galile. Se la ya wè li jan li te di yo a (Mak 16:7). Disip yo pat ale nan Galile imedyatman. Nan menm jou a ak nan semenn ke te vini Jezi te parèt sou yo nan Jerizalèm. Men li te rive lè, kòm yo swiv enstriksyon zanj la te bay yo, yo te retounen nan zònn kote pi fò nan yo se te moun la yo te ye.

Nan retounen nan Galile a, Pyè te deside retounen nan peche pwason. Disip ke te la yo jwenn avèk li yo te vini akonpanyen li. Se te fè sa, men se pa pwesizman pou pase tan, paske peche pwason pou yo menm, sa se pa yon jwèt, tèlke gen nan nou ki ale peche pwason, pou pase tan. Yo te kon peche lannwit, ap voye prive, rale prive, se pa yon bagay ki fasil. Pwobabman, mesye tounen peche pwason, pou yo te kapab jwenn kelke choz pou soutni fanmi yo. Pandan ministè Jezi, douz apòt yo te kon soutni yo avèk don moun ki tap swiv Jezi yo te kon bay. Men kounye a se yo menm ki pou soutni tèt yo, se sak fè yo te tounen nan travay yo te kon fè avan yo tap swiv Jezi.

# 1. Aparisyon Jezi A

San okenn siksè disip yo te travay tout nwit la, epi yo te retounen nan plaj la. Yon etranje de salye yo e li te mande yo si yo te peche kèk ti pwason. Lè yo te reponn non, li te di yo jete senn yo nan bò dwat kannòt lan ya jwenn pwason. Konsa yo te fè sa, yo te peche yon kantite pwason si tèlman anpil, yo pa te kapab mete senn yo nan kannòt lan.

Imediatman Jan te rekonèt vwa moun sila a ki te rele yo, li te di, "Se Seyè a (Jan 21:7). Lè Pyè te tande sa, li te rekonèt Jezi tou, li te sòti nan dlo a lanaj pou jwenn Mèt li, pandan setèn lòt disip yo ap rale senn plenn pwason pou rive sou plaj la.

Jezi pat fè mirak sa inikman pou fè moun yo sezi. Pouki sa li te opere mirak sa? Nou kapab sipoze ke sa te yon jan pou rampli bezwen disip li yo. Si yo te rete nan peche pwason pou soutni yo menm ak fanmi, si yo pat jwenn ayen ditou, li tap di pou yo. Men li te fè mirak la tou pou ke disip yo wè se menm Seyè yo te rekonèt depi montan an. Li te lite kont lanmò, men lanmò pat dedi pouvwa li. Kwak sa li kontinye ap kontwole tout bagay. E pwiske li te chwazi yo pou yo ka fè anbasadè li. Li te bezwen pou yo klè ak otorite li te voye yo, pa gen dout nan sa.

# 2. Konversasyon Jezi avèk Pyè

Apre yo te fin dejenne, Jezi te kòmanse mande Pyè kèk keksyon. Twa fwa li te poze li keksyon sou lanmou ke li te genyen pou li a. Premye keksyon an se te yon konparezon. "Eske ou *gen amou* pou m plis ke sa yo? (Jan 21:15). Jezi te mande Pyè si lamou li pou Jezi sipase amou lòt disip yo. Men, pa bliye ke Pyè te manifeste yon sou pòtans lamou li pou Kris. Jezi te vle konnen si Pyè te genyen menm opinyon wo sa an rapò ak lamou li pou Kris. Repons Pyè a, se te yon repons twè imilye. Li te konnen konesans ke Jezi te genyen sou sa li te gen nan kè li pou Jezi, "Wi Seyè, Ou konnen m renmen ou" Jan 21:15) Pou pale lamou Pyè pat sèvi ak menm pawòl Jezi yo. Repons li an kapab tradwi, "Wi Seyè, mwen renmen ou." Answit Jezi kite konparezon an, li te mande Pye si li gen amou pou li tout bon. Yon lòt fwa Pyè te ba li menm repons lan. Pou denye Jezi te itilize menm pawòl ke Pyè te sèvi ak li, li te mande li si vwèman *renmen* li. Avèk twazyèm keksyon sa kè Pyè te kase. Pyè te reponn, "Seyè, ou konnen tout bagay, ou konnen mwen renmen ou." (Jan 21:17). Koman Pyè te chanje! Tout fòs li te montre lannwit yo te trayi Jezi a an te fini komplèman. Nan plas li te rete yon Pyè plen imilite. Li te rekonèt ke l depann konplètman de Seyè a.

Chak fwa ke Pyè te afime lamou li pou Jezi. Sovè a te ba li yon komannman pou li akonpli kòmannman sa a te siyale Pyè travay li pral fè pi devan. Yo ba li sekirite de ke Jezi te antre li nan pawòl li yo, tankou Papa mwen te voye mwen se konsa map voye ou" (Jan 20:21). Jezi te di Pyè sa, "Pwan swen mouton mwen yo", "Pwan swen mouton mwen yo." Yon fwa ankò Jezi te konsidere`l kom yon bon gadò. Kretyen nan Jezi yo ansanm avèk pitit yo, fòme twoupo Mèt la. Apwe Jezi ale se Pyè li anchage pou pwan swen mouton li yo.

Nan pawòl Jezi sa yo nou aprann ke twoupo bezwen manje, swaye e veye yo. Mouton yo (ki kapab ti moun yo ou moun sila yo ki fek antre nan legliz la) Yo bezwen alimante avèk pawòl Bondye de tèl fason pou yo ka grandi. Sa yo ki te genyen plis tan nan twoupo a—mouton yo—bezwen de bagay. Pran swen yo pouke yo pa lage kò yo nan peche, ak ba yo manje avèk pawòl Bondye. Nan sa genyen yon gran devwa ke Jezi te bay disip li yo. Nan atravè travay misyonè a, gason tankou fanm yo ak timoun yo se pou nou kondi yo nan legliz Kris la. Pita, ak swen pastoral la nou ba yo manje avèk pawòl Bondye e nou kondwi yo nan chemen jistis la.

## 3. Fiti Pyè A

Pyè te pwomèt Jezi jwayèzman lap mouri pou li. Men nou wè kòman li te febli e li nyè Seyè li. Men kounye a Jezi te di li ke nan tan ki pwal vini a li pwal konpli pwomès li. Lanmò pwal menase li pou kòz Kris la. Tradisyon a di ke Pyè te soufwi mati. Yo te kondane ak te krisifye`l tankou Jezi. Men li pat konsidere li te diy pou mouri nan men pozisyon ke Seyè an te mouri. Li te mande pou yo kloue li ak tèt li anba. Nou pa di tradiksyon sa a ekgzat, men li an akò avèk sa Jezi te di Pyè nan okasyon sa a.

Answit Pyè te mande Jezi ki sa ki pwal rive Jan, disip li renmen anpil la. Jezi pat vle di li, li te repon li, "si mwen ta vle ke li rete jouk lè mwen genyen pou mwen vini an, men kisa pou ou menm? Swiv mwen." (Jan 21:22). Sa te yon fason byen semp Jezi te vle di Pyè sa pa konsène, sa ki konsènen ou, se pwòp fidelite ou ak Kris. Men kèk moun te panse ke sa te vle di Jan pap janmen mouri. Lè Jan te ekri levanjil li an li te fin granmoun. Tout lòt apòt yo te gentan mouri deja. Jan te mete sa klè ke, Jezi pat vle di ke Jan pajanm mouri. Li vle di ke lanmò li pa kapab sèvi yon motiv pou di Jezi te tronpe l'.

# KEKSYON POU VERIFIKASYON

1. Pouki sa disip yo te nan Galile?
2. Poukisa yo te ale peche pwason?
3. Kòman Jezi te ede yo?
4. Kisa Pyè te fè lè li konnen ke enkoni an se te Jezi?
5. Ki keksyon Jezi te poze Pyè?
6. Ki repons Pyè te reponn Jezi?
7. Ki sa Jezi replike nan repons Pyè yo?
8. Poukisa Jezi te poze Pyè keksyon sa yo?
9. Ki doub komisyon Jezi te bay Pyè?
10. Kisa Jezi te pwedi sou Pyè?
11. Nan ki fòm yo te mal entèpwete pawòl yo Jezi te di an rapò avèk Jan?

# POU ETID ADISYONEL

1. Konpare pwen de vi katolik women yo ak potestan sou kòman li te aplike nan tan pwezan yo komisyon ke Jezi te bay Pyè yo.
2. Ki egzanp de ke apòt yo te genyen pou peche pwason, montre nou ke minis yo dwe travay pou souni tèt yo?
3. Kisa Pòl te montre nan rapò sa nan I Korentyen 9 ak II Korentyen 11? Kòman ou kapab eksplike ke Pòl te kontinye nan fè boutik e an menm tan li te kontinye ap pweche levangil la?

# CHAPIT 27

## NOU SE TEMWEN MWEN

Li Matye 28:16-20; Lik 24:50-53; Travay 1:1-11.

## KEKSYON POU PREPARASYON

1. Kòman yo idantifye kilès ki te ekri liv Travay Yo?
2. Ki kòmandman Jezi te bay disip li yo?
3. Kòman Jezi te itilize karant jou apre li leve vivan an?
4. Ki inpòtans monte nan syèl Kris la genyen pou kretyen yo?

## ENTWODIKSYON

Leson sa a sèvi pou ede nou rantre nan liv Travay Yo, se pou sa li konvenab, nou fè yon ti kanpe pou n' ka obsève kèk detay sou liv la.

### 1. Ekriven An Ak Entansyon An

Moun ki ekri liv Travay Yo pat di nou non li. Men sepandan nan liv la menm gen kèk lide ki ka sèvi pou ede nou idantifye l'. Nou konnen li te vwayaje avèk Pòl nan kèk vwayaj misyonè, paske gen kèk pasaj kote li itilize vèb la nan premye pèsonn pliryèl (Travay 16:10-17; 20:5-16; 27:1-28:16). Si nou ta konpare pasaj sa yo avèk referans yo fè nan lèt pòl yo, nou ta dekouvri ke otè liv travay la gen lè se Lik «medsen Jezi te renmen anpil la». Fraz sou lamedsin nan gen sans konsa nan liv sa a.

Mo yo ki kòmanse liv sa a gen relasyon avèk twazyèm levanjil la, paske se pou yon sèl moun yo te ekri toulede dokiman yo, Teofil. Nan dezyèm liv li a, sa a, Lik fè Teofil sonje ke nan premye liv li a, li te pale sou «tou sa Jezi te kòmanse fè e anseye jouk jou li te monte nan syèl la» (Travay 1:1-2). Alò liv sa a te pran fil nan rakonte lavi Jezi kote li te kite nan premye liv la, osinon nan jou Jezi te monte nan syèl la.

Pawòl entwodiksyon sa yo esplike pouki nou mete liv Travay la nan etid Lèv Kris la. Se yon bagay ki klè, SeyèJezikri pat sèvi lèzòm nan menm fòm nan, apre li te leve vivan an, kòm li te fè lè l' te sou latè a. Men sa pa vle di ke misyon l' te fini pou sa. Li toujou kontinye misyon li, men kounye a li sèvi ak lèzòm li te chwazi yo e li nonme yo kòm anbasadè l'.

## 2. Gran Komisyon An

Nou te wè deja ke Jezi te parèt anpil fwa bò kote disip yo pandan karant jou ki mansyonen ant leve vivan an ak li monte nan syèl la. Levanjil yo pat fè konnen tout bagay.

Sepandan, Matye li menm, fè konnen lè l' te parèt Galile a sa gen yon gran inpòtans. Jezi di disip yo la jwennn avèk yo, nan mòn Galile a. Toule onz disip yo te la, e li byen posib avèk kèk lòt moun ki t'ap swiv Jezi. Lè l' parèt sou yo a, «Yo adore li. Men, te gen nan yo ki pat fin kwè nèt» (Matye 28:17). Se lè sa a Jezi te ba yo Gran Komisyon an.

Anvan Jezi te ba yo komisyon an, li te fè yonn nan deklarasyon ki gen plis impòtans yo, «Jezi pwoche bò kote yo, li di konsa: mwen resevwa tout pouvwa nan syèl ak sou tè a» (Matye 28:18). Nou jwenn anpil egzanp sou otorite Jezi pandan tout misyon l' sou latè. Li geri moun malad e leve moun mouri nan lanmò. Sa a sèvi nou prèv yo ki tèlman gen fòs ki fè moun te toujou ap fè kòmantè sou sa. Menm lenmi l' yo te rive admèt li. Men kounye a li asire l' gen tout otorite. «Li menm premye pitit ki leve sòti vivan nan lanmò a, li menm ki chèf tout wa ki sou latè» (Revelasyon 1:5).

Si nou baze sou otorite inivèsèl li genyen, nou ka wè Jezi bay disip yo lòd pou yo ranpli yon misyon inivèsèl. Konsa aktivite yo pa gen limit sèlman nan kay Izrayèl. Kounye a yo dwe konpli avèk lòd la, « Ale fè disip pou mwen nan tout nasyon, batize yo nan non Papa a, Pitit la, ak Sentespri a. Montre yo obsève tou sa mwen te ban nou lòd fè» (Matye 28:19-20). Kòm etan donnen travay sa a pat kapab fèt ak fòs imèn sèlman, Jezi mete pwomès sa a, «Sonje sa byen: mwen la avèk nou toulejou, jouk sa kaba» (Matye 28:20).

Lòd Jezi te bay disip li yo, se pat pou yo sèlman li te bay li; li te bay li pou legliz nan tout syèk yo. Jouk kounye a li gen tout otorite nan men li, e li ap kòmande toujou, pou nou mennen lèzòm nan tout nasyon vin anba gouvènman l'. Se pou rezon sa a, ki fè travay misyonè a dwe toujou yon pati enpòtan nan travay legliz li a. Kris pwomèt lap toujou avèk nou pou tout tan, pou l' ka ban nou fòs nan travay sa a.

## 3. Karant Jou Yo

Pandan karant jou ki pase a, ant leve vivan l' la ak monte nan syèl la, Jezi te pase plis tan pou l' anseye disip yo «sou peyi kote Bondye wa a» (Travay 1:3). Lè l' ba yo kado Sentespri a, Jezi te ba yo fòs pou yo ka konprann pawòl li te vle di yo, e li te prepare yo pou preche Kris kòm Mesi a.

Menm jan li menm li te batize avèk Sentespri a, nan kòmansman lèv li a, se konsa disip yo tou pral resevwa menm batèm sa a nan kòmansman lèv yo. Travay Bondye a fèt. «Se pa vanyan sòlda ou yo, ni avèk pwòp kouraj ou ou pral rive nan sa ou gen pou fè a. Men se va avèk pouvwa Lespri pa m' m'ap ba ou a. Se Seyè a ki gen tout pouvwa a ki di sa» (Zacare 4:6). Sa va konpli jou Lapannkòt la. Jezi te pase disip li yo lòd pou yo ret tann arive Sentespri a nan lavil Jerizalèm.

Te genyen yon zafè ki pi enkyentan pou disip yo. Jouk alèkile yo te gen vye lide tradisyonèl Jwif yo te genyen nan tan lontan sou vini Mesi a nan kè yo. Sa fè yo t'ap tann pou Jezi ta etabli yon gouvènman politik, se pou sa yo te mande "Mèt, eske se kounye a ou pral mete gouvènman pèp Izrayèl la sou pye l' ankò?" (Travay 1:6). Jezi te ba yo yon Non kategorik kòm repons. Tout okontrè li te fè yo sonje bagay sa yo fè pati otorite Papa a. Se pa bagay ki konsènen lèzòm pou konnen anyen sou yo. Yo ta dwe mete plis enterè nan tann lè Sentespri a va rive, moun ki va ba yo pouvwa pou yo ka mache bay levangil Kris la jouk nan dènye bout latè.

## 4. Monte Nan Syèl La

Lè karant jou yo fin pase, Jezi te mennen disip yo an deyò Jerizalèm, yon kote ki toupre Betani «epi li leve men li pou l' beni yo» (Lik 24:50). Antan l'ap beni yo konsa, li kòmanse monte nan syèl. Disip yo menm yo te gade jan li t'ap monte jouk yon nyaj te kouvri l' e yo pa ka wè l' ankò. Yo te ret sezi pou sak te pase devan yo a, se konsa apre de zanj te entèwonp yo nan panse yo. Dezòm yo di yo, «Nou menm, moun Galile, poukisa nou rete la ap gade syèl la konsa? Jezi sa a ki fèk sot nan mitan nou an pou monte nan syèl la, li gen pou l' tounen menn jan nou wè l' monte nan syèl la» (Travay 1:11).

Ki sans monte nan syèl Kris la genyen pou disip yo, e kisa sa vle di pou nou jodi a? Sa vle di li deja voye Sentespri a pou vin rete nan kè nou. Sa vle di li deja bò dwat Papa a, kote l'ap plede pou nou an e li gouvène linivè nèt ale. Sa vle di li la avèk tout pèp li a toupatou. Epi sa vle di tou, l'ap vini yon lòt fwa pou jije vivan ak mò, epi la mennen yo nan syèl avèk li pou y'al rete avè l' pou tout tan. Malgre nou ta gen anvi wè Jezi pandan li te sou tè sa a, men, an reyalite kounye a n'ap rejwi plis nan li, paske li deja monte nan syèl la (Jan 16:7).

## KEKSYON SOU ETID LA

1. Kòman moun ki ekri liv Travay la identifye tèt li?
2. Ki relasyon liv Travay la genyen avèk twazyèm levanjil la?
3. Ki lòd Jezi te pase disip yo, e kòman yo kapab egzekite l'?
4. Poukisa disip yo te kapab kompli lòd la?
5. Poukisa disip yo te pi byen prepare pou konprann anseyman Jezi yo apre l' te leve soti vivan nan lanmò a?
6. Poukisa li te mande disip yo pou yo tann nan Jerizalèm?
7. Ki keksyon disip yo te poze Jezi e li pat vle reponn?
8. Kòman Jezi te separe ak disip yo?
9. Ki mesaj Bondye te voye bay moun ki te prezan lè Jezi te monte syèl la?
10. Kisa monte nan syèl la vle di pou nou menm?

## POU ETID SIMPLEMANTÈ.

1. Ekri yon ti diskou tou kout sou Matye 28:18-20, fè yon aplikasyon sou travay legliz la jodia?
2. Travay 1:8 fè sijesyon yon pwojè sou liv Travay la. Di kilès twa divizyon li genyen, epi di tou ki chapit ki fè pati yo chak.

# CHAPIT 28
## YON LÒT PRAN PLAS LI

Li Travay 1:12-26

## KEKSYON POU PREPARASYON

1. Kisa disip yo te fè depi lè Jezi te monte nan syèl jouk jou Lapannkòt la?
2. Kisa ki te kondisyon e reskonsablite apostola a?

## ENTWODIKSYON

Jezi te kite disip yo. Yo te wè lè l' t'ap monte nan syèl la. Yo te konnen li pa t'ap avèk yo menm jan li te konn fè apre li te leve vivan nan lanmò a. Men disip yo pat tris poutèt Jezi te monte nan syèl la. Men yon sèl bagay, lè yo te wè l' mouri sou lakwa lafwa yo te tranble. Men depi Jezi te leve vivan an li te ba yo fòs nan lafwa, epi li te enstwi yo pou travay yo gen pou yo reyalize a. Se pou sa yo konprann tou, ke monte Kris nan syèl la se yon pat nesèsè pou bagay mèveye ki pral rive yo.

## 1. Tan Yo Te Fè Yo T'ap Tann Nan

Lè disip yo tounen sot sou mòn Oliv la, kote Jezi te monte nan syèl la, yo t'ale lavil Jerizalèm nan chanm wot la, sanble yo te gen abatid reyini la deja. Kapab se menm chanm sa a kote Jezi te parèt sou yo vivan pou premyè fwa a. Posibman se chanm sa a tou ki te sèvi pou manje denye soupè a. Se la onz apòt yo toujou reyini, avèk kèk disip, Mari manman Jezi ak frè l' yo. Moun ki di Mari pat gen plis pitit apre Jezi, yo di sa sanble se sou kèk kouzen Jezi yo y'ap pale, o kèk fanmi pwòch. Sepandan, pa gen okenn rezon ki egziste pou nou pa kapab panse se te frè Jezi yo te ye. Pou byen di ou, yo pat janm vle kwè nan li pandan misyon piblik li, men apre l' leve vivan an, li te fè Jak, frè li wè l', epi lèzòt frè l' yo tou te rive kwè nan li.

Jezi te mande disip yo pou yo rete tann nan Jerizalèm jouk lè la voye Sentespri a. Pandan yo te rete ap tann konsa, «Yo tout mete tèt yo ansanm, yo t'ap lapriyè san rete» Yo t'ap swiv egzanp Seyè a e obeyi anseyman sou lapriyè a. Men sak pi enpòtan an, se nan lapriyè a yo te kapab kenbe kominyon ak Seyè a, malgre li te deja monte nan syèl. Privilèj sa a se pou nou li ye tou. Kwak nou pa janm wè Kris nan lachè, men nou kapab pale avè l' nan lapriyè.

## 2. Yo Chwazi Matyas

Diran tan yo t'ap tann nan, Pyè te pale ak asanble a e li te fè yo konnen li nesesè pou chwazi yon moun pou ranplase Jida. Sa te nesesè non sèlman paske Jida te mouri, men lè yo te touye Jak la (Travay 12:2), yo pat ankò mete yon lòt moun nan plas li a. Ni yo pat gen tan nonmen moun ki pou ranplase lòt apòt yo nonplis tou. Nou ka di, yo te ranplase Jida paske li te pèdi dwa li poutèt li te trayi Jezi. Pyè te bay referans anpil vèsè nan sòm yo pou apwouve nesesite ki gen pou yo fè sa.

Nan reyinyon sa a Pyè mete byen klè ki kondisyon yo pou yon moun rive fè apòt. Se moun ki te ansanm ak Jezi diran misyon piblik li, epi ki te wè l' apre li leve vivan nan lanmò ki dwe chwazi yon moun pou apòt. Paske apòt yo se moun yo rele pou sèvi temwen Kris, alò, yo dwe gen kapasite pou di sa yo te wè li fè e yo te tande anseyman li.

Alò, pasaj sa a, ban nou yon lide sou nati travay apòt yo. Etan temwen, yo te gen pou yo bati legliz la sou baz Bondye te mete a, epi se li ki te lèv redanmtè Jezikri a. Yo ta gen pou y'ale nan tout nasyon pou preche levanjil la, pou yo ofri delivrans la bay tout moun ki kwè nan Kris. Sa a te sèlman yon pati nan travay yo. Lòt pati travay yo a, nou ka wè l' nan vèsè Sòm 109 Pyè te bay referans la, «Se pou yon lòt moun pran plas li nan travay la» (Travay 1:20). Pawòl «travay li a» vle di «sipèvize». Travay apòt yo se te sipèvize lèv legiz la. Yo te dwe tabli l' byen annegad oganizasyon l', tankou nan doktrin li tou. Yo dwe bay disiplin nan, menm jan tankou sakreman yo tou. Se misyonè yo te ye, men an menm tan se lidè legliz la yo te ye tou. Se sak fè nou wè nan liv Travay yo, kòman yo te egzekite de faz travay apostolik la.

Fason yo te chwazi nouvo apòt se te yon bagay yo te konn reyalize nan yon fòm trè espesyal. Premyèman gwoup la egzamine manm yo, epi yo te chwazi de moun ki te ranpli kondisyon plas la te mande. Apre yo remèt sa nan men Bondye pa lapriyè, epi apre sa yo fè tiraj osò pou wè kilès nan yo Bondye te chwazi pou resevwa ofis la. Sa se pa menm bagay pou kite l' pa «chans». Sa vle di yo te rekonèt pouvwa Bondye ki depase tout pouvwa a, e se sak fè yo kite desizyon sa a ba li. Se Bondye ki te chwazi lòt apòt yo, konsa se li ki dwe chawzi douzyèm nan tou.

Se Matyas yo te chwazi pou ranplase Jida. Nan fason sa a nimewo douz ki gen gran inpòtans la vin rete konplèt ankò. Nou ka wè tou, douz apòt yo koresponn douz tribi Izrayèl la (Rev 21:12-14). Moun ki vini fè apòt apre yo, oswa Pòl, li pat pran plas Matyas la. Pòl te toujou ensiste ap di, apostola pa l' la diferan ak pa douz lòt disip yo. Pòl pat ranpli tout sa Pyè te mansyone yo pou fè apòt, men pou byen di, li te genyen yon apèl espesyal, se Jezikri menm ki te rele'l.

## KEKSYON SOU ETID LA

1. Kilès moun ki te reyini apre Jezi te monte nan syèl, e konbien yo te ye?
2. Poukisa yo te lapriyè anpil konsa?
3. Poukisa li te nesesè pou chwazi yon lòt apòt?
4. Ki kondisyon yo te mande pou yon moun kapab vin apòt?
5. Kisa ki te travay apòt yo?
6. Kòman yo te fè pou chwazi yon nouvo apòt?
7. Kilès yo te chwazi pou ranplase Jida?

## POU ETID SIMPLEMANTÈ

1. Kisa legliz katolik womèn an montre sou sekans apostolik la? Kisa leson sa a montre nou?
2. Kisa leson sa a montre nou sou inpòtans Ansyen Testaman genyen pou apòt yo?
3. Ki diferans ki genyen ant osò solda yo te tire nan pye lakwa a ak sa disip yo te tire pou chwazi yon nouvo apòt la?
4. Apòt yo te sèvi temwen nan lanmò ak leve Jezi vivan nan lanmò. Nan ki fason nou menm nou sèvi temwen Kris la?

# CHAPIT 29

## LAPANNKOT

Li Travay 2:1-42

## KEKSYON POU PREPARASYON

1. Ki sak te pase jou Lapannkòt la?
2. Ki esplikasyon Pyè te bay sou evennman Lapannkòt la?
3. Ki rezilta diskou Pyè a te pote?

## ENTWODIKSYON

Jezi te pwomèt disip yo l'ap voye Sentespri a vin sou yo. Li te mande yo pou yo ret tann ni lavil Jerizalèm, se la pwomès la ap konpli. Men li pat di yo ki lè Lespri a ta pral vini. Dizyèm jou apre l' monte nan syèl osinon 50 jou apre l' leve vivan nan lanmò a, epi nan menm lè fèt jwiv la sou Lapannkòt, se lè sa a Sentespri a te vini sou legliz Jezikri a.

## 1. Siy Yo

Tout disip yo te reyini ansanm jou Lapannkòt la, li posib se te anndan yonn nan chanm yo. Nan moman sa a, Sentespri a te vini sou yo, e se yon gwo bri ki te anonse vini li a «Yo rete konsa, epi yon sèl bri sot nan syèl la tankou yon gwo van k'ap soufle; li plen tout kay kote yo te chita a. Lè sa a yo wè yon bann lang parèt tankou ti flanm dife ki separe yonn ak lòt epi kal poze sou tèt yo yonn pa yonn» (Travay 2:2-3).

Siy ki te mache avè kado Sentespri a gen fonksyon pou sèvi tankou senbòl yo pou sak t'ap pase a. Relasyon ki gen ant van an ak Sentespri Bondye a te trè koni. An premye moman, pawòl ebre yo itilize pou «van an» e pou «Lespri a» se menm bagay. Jezi te deja di Nikodèm, «Van soufle kote l' vle. Ou tande bri l'ap fè. Men, ou pa konnen ki bò l'soti, ni ki bò l' prale. Se menm jan an pou tout moun ki fèt nan Lespri Bondye» (Jan 3:8). Jwif yo pat gen okenn pwoblèm pou relasyone son yon van fò avèk vini Lespri a.

Lang dife yo se te senbòl sou vini Sentespri a tou. Jan te pwofetize sou Mesi a, se li men ki va batize nou nan Sentespri ak nan dife (Matye 3:11). Konsa lè yo wè lang dife yo ansanm avèk bri van an, byen petèt yo te sonje pwofesi Jan Batis la.

Lè Sentespri a te vini sou disip yo, te gen yon lòt siy ki te manifèste plis: Yo tout kòmanse ap pale nan lòt lang. Gen kèk moun ki entèprete sa yo di yo chak yo te tande y'ap pale kòm si se te nan pwòp lang natif natal y'ap pale. Men sa pa gen akò ak istwa Lik la. Sentespri a te desann sou sak t'ap pale yo, men se pa sou moun ki t'ap koute yo. Lik li menm li di klè, «Yo tout te vin anba pouvwa Sentespri, epi yo pran pale lòt lang dapre jan Lespri Bondye a t'ap fè yo pale» (Travay 2:4). Li te vin tèlman fasil pou disip yo, yo kòmanse ap pale nan lang yo pat janm aprann, e yo te pale pawòl Sentespri a te ba yo.

Siy van ak dife yo te emosyone moun yo anpil. Fasilite moun Galile ki pat gen okenn edikasyon fòmal sa yo te genyen, pou pale nan divès lang, te sezi enterè anpil moun kiryez, ak anpil lòt moun te renmen wè sa tou. Lè nouvèl sou evennman ra sa a te gaye tout kote, foul la ki te antoure disip yo grandi nan plizyè mil moun ki vin pou tande. Pifò nan yo te ret sezi, men konsa te gen moun ki t'ap moke disip yo tou, yo t'ap di se sou yo te sou.

## 2. Mesaj La

Lè yo te leve akizasyon sou a, Pyè, li menm ki pòtvwa gwoup la, li te leve kanpe touswit epi li te reponn. Se posib li te pale nan lang Grèk, pou tout moun te kapab konprann ni. Li te kòmanse reponn akizasyon sa a, e li te demanti yo, paske deja li te twò bonè pou tout moun sa yo ta gen tan sou. Apre sa li te kòmanse ba yo vrè esplikasyon an: li di yo, sa yo wè a, se pwofesi Joèl la ki konpli, kote li di nan dènye jou yo, Bondye pral voye Lespri li sou tout lachè. Jwif yo te konprann «dènye jou yo» tankou epòk lè Bondye ta konpli pwomès li yo, ak anpil benediksyon pou etablisman gouvènman l' nan. Nan Nouvo Testaman an nou ka wè yo te toujou sèvi ak mo sa a pou fè yon deskripsyon sou espas tan premyè ak dezyèm vini Sènyè Jezikri a. Sa vle di ke Jezi te kòmanse (o li fè) «dènye jou» sa yo pèp la te tèlman ap tann nan rive.

Se sa presizman diskou Pyè a te vle di. Li te fè pèp la sonje misyon mèveyèz Jezi Nazarèt la. Li fè yo sonje tou se yo menm ki te reskonsab lanmò Jezi a. Malgre Bondye li menm li te deja fè plan an depi nan tan lontan kòman lanmò redamtè Kris la pral pase, Jwif yo vin koupab paske se yo menm ki remèt Jezi nan men bay moun wòm yo pou touye l'.

Jezi te deja deklare se Pitit Bondye li ye. Chèf Jwif yo te kondannen Jezi paske yo te refize afimasyon sa a. Sepandan Bondye li menm te chanje drastikman jijman Gran Konsèy prèt la. Lè Jezi leve vivan nan lanmó a, sa te rete byen klè «Jezi nonm nou te kloure sou lakwa a, se li menm moun Bondye fè Senyè, se li menm Bondye fè Kris la» (Travay 2:36).

## 3. Rezilta Yo

Prezantasyon sa a sou fason jan Bondye te resevwa e fè lwanj pou Jezi a, li menm yo tout te refize a, li te rive touche kè tou sa ki te tande Pyè. Yo te aksepte fòt yo touswit devan Bondye poutèt yo te refize Jezi a. Yo te rekonèt ke nanm yo te an danje, yo te repanti nan peche yo.

Men Pyè pat janm gen entansyon pou fè yo soufri. Sèlman li te fè yo rekonèt eta mizè yo ye, paske li te vle montre yo chemen pou yo soti ladan l'. Alò, lè yo te mande li ak lòt disip yo, «Frè nou yo, kisa pou nou fè? » (Travay 2:37) Pyè te kapab reponn san li pa tranble, «Tounen vin jwenn Bondye, epi yonn apre lòt vin resevwa batèm nan non Jezikri, pou Bondye padonnen tout peche nou yo. Apre sa, na resevwa Sintespri, kado Bondye a» (Travay 2:38).

Repons diskou Pyè a se yon bagay etonant. Jou sa a, te gen twa mil moun ki te montre repantans ak lafwa yo, epi yo te resevwa siy batèm nan. Diskou sa a pwobabman te bay yon kantite disip pi plis pase sa Jezi te gen pandan tout misyon biblik li. San dout sa te fè disip yo sonje pwomès Jezi te ba yo ki di ya fè pi gwo bagay pase sa yo menm te wè l' fè.

Moun sila yo ki te konvèti jou Lapannkòt la te fè pati gwoup kretyen orijinèl yo. Yo te pase anpil tan ansanm ap aprann verite Bondye a pataje ak apòt yo, yo t'ap rejwi nan kominyon avèk moun yo ki gen menm lafwa ak yo, yo t'ap pataje ansanm prezans Kris la nan Lasent Sèn nan, epi yo t'ap patisipe nan sèvis lapriyè an piblik la ansanm tou. Premye disip yo te pwofite anpil tout mwayen yo, e yo te resevwa lagras Bondye. Si nou ka wè mèvèy pouvwa legliz primitiv la, nou pa dwe bliye yo te rejwi yo se paske yo te itilize mwayen Bondye te pase lòd yo. Nou menm tou, nou kapab jwi nan richès lagras divin yo si nou sèvi fidèlman ak mwayen li ban nou yo, e yo se: Labib, sakreman yo, kominyon avèk lòt kretyen yo e lapriyè.

## KEKSYON SOU ETID LA

1. Nan ki fason Sentespri a te vini sou disip yo?
2. Kòman siy sa yo te fè konnen Sentespri a?
3. Ki kalite manifestasyon ki te fèt sou vini Sentespri a?
4. Ki esplikasyon san sans kèk moun te bay sou mirak sa a?
5. Kòman Pyè te reponn akizasyon sa a?
6. Ki esplikasyon Pyè te bay sou mirak sa a?
7. Kòman Pyè te bay prèv Jezi te leve vivan nan lanmò?
8. Ki rezilta leve vivan nan lanmò a te pote?
9. Di yon fraz, ki te pwen santral mesaj Pyè a?
10. Ki jan yo te reponn mesaj sa a?
11. Kisa Pyè te mande moun yo pou yo fè?
12. Nan kisa disip yo te pase tan yo?

## POU ETID SIMPLEMANTÈ

1. Eske Travay 2:19-20 rakonte Lapannkòt la sèlman o kèk lòt evennman pase ki te trè pwòch ak fèt sa a? Esplike yo.
2. Fè konparezon Travay 2:39 avèk Matye 27:25.
3. Nan ki fòm van ak dife a kapab senbolize travay Sentespri a?

# CHAPIT 30

## NAN NON JEZI KRIS

Li Travay 3

## KEKSYON POU PREPARASYON

1. Ki mirak Pyè ak Jan te fè?
2. Pouki sa, sa te enterese anpil moun?
3. Kisa ki te prensipal pwen diskou Pyè a?

## ENTWODIKSYON

Sentespri a te vini sou disip yo jou Lapannkòt la. Jezi te pwomèt yo ya resevwa pouvwa Lespri a lè la vini a. Pouvwa sa te manifeste imedyatman nan pale an lang. Nan jou yo apre Lapannkòt la, pouvwa Sestespri a pat pase anpil tan pou l' manifeste ak mirak apòt yo t'ap fè yo. Sa te sèvi pou demontre Jwif yo ke se menm pouvwa Jezi Nazarèt la te sèvi pandan misyon piblik li a, kounye a li te transmèt bay apòt yo ki t'ap pale nan non li. Chapit sa a se sou premye mirak sa yo li pale.

### 1. Mirak La

Gerizon mandyan enfim nan atire atansyon anpil moun pou plizyè rezon. Premyèman, paske yo te fè l' an piblik; osinon paske yo te geri yon nonm ki te chita nan yonn nan antre prensipal tanp la, pandan yo te vin adore a. Kòm anpil lòt moun t'ap rive ansanm nan menm lè sa a avèk menm entansyon an, se te anpil moun ki te wè l'ap sote danse ak kè kòntan l', e yo te tande l'ap fè lwanj pou Bondye. Enfim ki te geri a te antre nan sèvis la ansanm ak Pyè e Jan. Apre sèvis la, lè yo soti nan tanp la, yon gran foul moun te antoure yo.

Dezyèman, pa gen moun ki kapab doute se yon mirak ki te fèt. Tout moun te konnen nonm sa a se te yon nèg ki te enfim depi li te fèt, epi li te pase anpil lane chita la, li t'ap mande nan pa pòt tanp la. Gerizon l' nan pat kapab yon trik disip yo te fè planifye davans. Se nòmal Pyè ak Jan te fè yon gran bagay.

Twazyèman, gerizon enfim nan te gen relasyon ak pwomès Ansyen Testaman an, nan Ezayi 35, se yon chapit ki prezante benediksyon yo nan epòk ki pral vini an. Gen yon pwomès ki di konsa, «Moun enfim nan pye yo pral sote ponpe tankou kabrit» (Ezayi 35:6). Jwif yo te relasyone pwomès sa a avèk vini Mesi a. Lè Jan te voye mesajè yo kot Jezi, li te reponn, «Ale rakonte bay Jan sa nou tande ak sa nou wè: Je avèg yo louvri, moun ki t'ap bwate yo mache byen . . . » (Matye 11:4-5). Zèv gerizon an yo ki sèvi kòm prèv se li ki Kris la (Jan 20:30-31). Kounye a, lè Pyè ak Jan, geri enfim nan, sa montre yo t'ap kontinye menm travay Mèt yo a.

## 2. Mesaj La

Lè te gen yon bon kantite kiryez ki te sanble toutotou Pyè, Jan ak nonm yo te geri, Pyè te gen opòtinite pou pale ak yo. Li te asire yo se pat ak pwòp pouvwa li, ni pouvwa Jan ki fè nonm sa a te geri a, osinon ak pouvwa Jezikri. Malgre Jwif yo te remèt Jezi nan men women yo, epi yo te kenbe tèt pou yo touye l' lè Pilat te vle mete li an libète, Bondye te fè lwanj pou Jezi lè l' te leve vivan nan lanmò. Se pa pouvwa non Jezi ak kòz lafwa nan non sa a, tankou enfim nan te geri a. Konsa disip yo montre se Jezi ki Kris la epi yo te apwouve pwofesi yo sou soufrans Kris te sibi yo konpli nan li.

Pita, Pyè rele moun pou yo tounen vin jwenn Bondye. Malgre yo te kloure Kris nan iyorans yo, men reskonsablite yo devan Bondye se te toujou pwoblèm pa yo menm. Men si yo ta repanti, Bondye va fè yo jwenn rafrichi (vèsè 19), benediksyon yo li pwomèt yo pou tan k'ap vini an, se yo ki pral resevwa yo. Epi ya wè benediksyon sa yo nan dezyèm vini Kris la. David te pwofetize sou Kris la, «Ma fè lwanj Seyè a ak tout kè m', nan mitan moun ki mache dwat yo, nan mitan pèp Bondye a lè yo reyini» (Sòm 110:1). Lè sa te gen tan rive pa mwayen jan levanjil la ap grandi a, «Pou kounye a, Jezi gen pou l' rete nan syèl la jouk lè Bondye va vini pou mete tout bagay nan plas yo ankò» (Travay 3:21), epi Kris pral tounen. Sa se gran benediksyon Pyè te ofri Jwif yo. Pyè pat manifeste repantans Izrayèl la ta fèmen pòt levanjil la pou moun lòt nasyon yo non. An reyalite, se te yon repantans nasyonal bò kote pèp Izrayèl ki ta ede pou fè gaye levanjil sa a.

Alò, Pyè te fè yon deskripsyon Jezi lè li te mansyone pawòl sou yonn nan premyè pwofesi yo sou li, pawòl Moyiz yo nan Detewononm 18:15-19. Nan pasaj sa li a prezante Mesi a tankou pwofèt ki pi gran an, li menm ki ta dwe pale avèk otorite nèt ale. Menm jan Moyiz te pote pawòl Bondye a bay Izrayèl generasyon pa l' la, konsa tou se gran pwofèt sa a ki ta vini pote pawòl Bondye a bay tout pèp yo. Epi gran pwofèt sa a pat yon lòt moun, se Jezi Nazarèt, Pitit Bondye a. Nan tan lontan Bondye te mete pawòl li nan bouch pwofèt yo nan divès okazyon e divès jan pou l' te ka pale ak zansèt nou yo. Men nan dènye jou sa yo, se Pitit li a menm Bondye te voye pale ak nou nan non li» (Ebre 1:1-2).

Moun Pyè t'ap pale avè yo a se te ras pwofèt yo ak eritye kontra Bondye te fè avèk Abraram nan. Se poutèt sa, Bondye voye Pitit li a nan yo menm, premyèman pou l' rele yo vire do bay peche yo e vin jwenn li.

## KEKSYON SOU ETID LA

1. Nan ki sikonstans mirak nou etidye la a te rive fèt?
2. Pale sou mirak la nan pwòp pawòl nou.
3. Kisa nonm enfim nan te fè apre l' te fin geri a?
4. Nan pouvwa ki moun Pyè te fè gerizon an?
5. Ki gran peche moun ki t'ap koute Pyè yo te komèt?
6. Kisa Pyè mande epi ki pwomès li te prezante bay moun yo? (Vèsè 22-26)
7. Nan ki jan Pyè te prezante Kris la (vv. 22-26)?
8. Ki privilej espesyal moun ki t'ap koute Pyè yo te rejwi?

## POU ETID SIMPLEMANTÈ

1. Kisa leson sa a montre nou annegad relasyon ki te gen ant legliz primitiv la ak relijyon Jwif la?
2. Kisa ki ofis pwofetik Kris la? Kòman sa te konpli?
3. Si ou fè yon bagay mal san ou pa konnen se mal li ye, eske ou koupab pou sa? Apiye repons ou nan diskou Pyè a.
4. Fè konparezon gerizon nonm bwate mandyan an, avèk delivrans yon pechè.

# CHAPIT 31

## NOU PA KAPAB RETE SAN N' PA PALE

Li Travay 4 :1-31

## KEKSYON POU PREPARASYON

1. Kisa ki kòz yo te arete Pyè ak Jan e ki rezilta sa te pote?
2. Nan ki pwoblèm Gran Konsèy la te ye?
3. Ki atitid disip yo te pran anfas pèsekisyon an?

## ENTWODIKSYON

Gerizon enfim nan ak predikasyon Pyè a nan okazyon sa a, te pwovoke premyè pèsekisyon bò kote chèf Jwif yo. Se yon bagay yo pat ka egzante, pèsekisyon ki gen pou vini an. Jezi te di disip li yo lemonn pral rayi yo menm jan yo te rayi l' la. Leson sa montre pèsekisyon an pat pran anpil tan pou l' rive.

### 1. Arestasyon An

Pyè t'ap preche sou galeri tanp la, lè yon gwoup prèt sadiseyen ak chèf gad tanp la yo te entewonp li. Yo tout te fache, men espesyalman sadiseyen yo te vini pou tande sa Pyè t'ap di a, paske yo pat kwè nan rezireksyon Kris la. Paske li t'ap anseye sou leve Jezi vivan nan lanmò a, li menm, moun sa yo te kondannen ak santans lanmò a, sa fè yo te fache e rayi li plis ankò. Se pou tèt sa yo te arete Pyè ak Jan e mete yo nan prizon jouk demen maten.

Chèf sa yo te kapab arete Pyè ak Jan, men yo pat kapab arete travay Sentespri Bondye t'ap fè a. Pawòl apòt yo ansanm avèk mirak yo te fè yo, yo t'ap konsyantize anpil moun. Moun sa yo te kwè nan Jezi e yo te fè yonn ak disip yo. Lè Pyè fini bay diskou a, kantite moun ki te kwè yo te rive senk mil gazon, san konte fanm ak timoun.

## 2. Jijman An

Nan demen maten yo rele Pyè ak Jan pou prezante yo Gran Konsèy la, menm tribinal kote yo te kondanne Mèt yo a. Fanmi gran prèt la te la prezan ak kat manm konsa, se sa ki montre inpòtans lidè yo te bay zafè a. Yo te panse yo te fini avèk Jezi Nazarèt lè yo te rive kloure l' sou lakwa a; men kounye a se pwoblèm disip li yo ki kontinye. Pase pou sitiyasyon an ta vin pi bon, se pi mal li vin pi mal. E yo mande disip yo, «Kote n' pran pouvwa pou fè bagay sa a? Ki moun ki ban nou dwa fè sa?» (4:7).

Jezi te di disip li yo, «Lè ya arete nou pou mennen nou nan tribinal, pa fatige tèt nou pou nou chache konnen davans sa na pral di; men, na di pawòl ki va vin nan bouch nou: paske lè sa a, se pa nou menm ki va pale, se Sentespri ki va mete pawòl yo nan bouch nou» (Mak 13:11). Se konsa menm sa te pase. Pyè te vin anba pouvwa Sentespri a (Travay 4:8), e li te pale avèk tout libète devan Gran Konsèy la sou Jezi. Li te deklare se pouvwa Jezikri ki te geri nonm enfim nan; Bondye te leve Jezi vivan nan lanmò; epi se nan Jezi sèl lèzòm te kapab jwenn delivrans.

Chèf Jwif yo te emosyone anfas demonstrasyon vanyan pèchè pwason sa yo ki pat gen yon wot nivo entèlektyèl. Yo te fè yo soti e yo te reyini yo menm pou diskite sa yo dwe fè. Yo te fè fas ak dilèm nan: yo pat kapab di se te manti enfim nan pat geri, men non plis yo pat kapab pemèt yo kontinye preche nan non Jezi.

Pafwa nou kapab aprann anpil sou sa lèzòm pa di. Nou dwe avèti Gran Konsèy la pat pwan chans refize afimasyon Pyè a, ke Bondye te leve Jezikri vivan nan lanmò. Si yo te kapab gen pari a pou foule afimasyon sa a anba pye, pwoblèm yo a ta rezoud nèt ale. Silans yo a montre ke lenmi Jezi sa yo pat gen kapasite pou opoze anseyman apòt yo sou leve Jezi vivan nan lanmò a.

Lè yo te avize Pyè ak Jan sou desizyon Gran Konsèy la, avèk tout respè, men byen deside alafwa, yo te reponn yo pat kapab asepte desizyon yo a. Yo te twouve yo nan obligasyon chwazi pou chwazi ant obeyisans pou Bondye o obeyisans pou lèzòm. Dòt anplis obeyi lèzòm se ta yon peche. Pyè ak Jan te maifeste devwa yo se te pou deklare moun sa yo, se te wè e sa yo tande.

## 3. Disip Yo

Lè Pyè ak Jan gade yo wè yo te mete yo an libète, yo te tounen y'al jwenn lòt disip yo touswit pou enfome evennman ki te pase nan lavi yo. Kretyen yo te reyini pou lapriyè ansanm, pou mande Bondye pou ba yo fòs pou soufri pèsekisyon, epi kontinye siy yo ak mèvèy li t'ap fè nan lavi yo. Bondye te voye Sentespri li, ki vin sou disip yo. Vini li a te manifeste avèk anpil siy ankò. «Kote yo te ye a pran tranble . . . , epi yo pran anonse pawòl Bondye a avèk konviksyon (Travay 4:31).

Premyè pèsekisyon sa a pat two rèd. Te rete pèsekisyon ki pi gwo a pou vini sou anpil legliz primitiv. Men kretyen yo te afwonte sitiyasyon an nan yon fason korèk. Yo mete konfyans yo nan Bondye e yo te chache fòs nesesè nan li. Konsa, yo te prepare pou nenpòt pèsekisyon ki pi gwo pase sa.

## KEKSYON SOU ETID LA

1. Poukisa yo te arete Pyè ak Jan? (4:12)
2. Ki siksè mirak la ak predikasyon an te genyen?
3. Ki keksyon Gran Konsèy la te poze Pyè ak Jan?
4. Kisa Pyè te di yo sou Jezi?
5. Kisa Gran Konsèy la te admèt?
6. Avèk ki pwoblèm Gran Konsèy la te fè fas?
7. Kisa nou kapab aprann sou sa Gran Konsèy la pat di a?
8. Nan ki fòm Pyè ak Jan te reponn demann Gran Konsèy la?
9. Poukisa Gran Konsèy la pat gen kapasite pou pini Pyè ak Jan?
10. Kisa Pyè ak Jan te fè lè yo te lage yo? Eske disip yo te lapriyè?
11. Poukisa yo te lapriyè?
12. Nan ki sans Bondye te reponn lapriyè yo a?

## POU ETID SIMPLEMANTÈ

1. Fè konparezon konpòtman Pyè devan Gran Konsèy la avèk konpòtman l' nan kay Kayif pandan jijman Jezi a. Kòman ou kapab esplike chanjman sa a nan Pyè?

# CHAPIT 32

## AVÈK YON MENM KÈ AVÈK YON MENM NANM

Li Travay 1:43-47; 4:32-37

## KEKSYON POU PREPARASYON

1. Ki karakteristik legliz primitv la te genyen?
2. Ki klas kominis yo te pratike nan legliz primitiv la?

## ENTWODIKSYON

Legliz primitiv la te grandi nan yon fason enkonparab. Nan premyè moman yo nan jou Lapannkòt la te gen sèlman 120 kretyen konsa lavil Jerizalèm, epi apre gerizon enfim nan, te genyen plis pase 5.000. Sa se te yon bagay ekstrawòdinè! Natirèlman nou menm tou, nou ta renmen konnen plis sou epòk sa nan lavi legliz la. Lik ban nou kèk lide, kwak yo brèf, men ki ka sèvi pou nou montre ki efè levanjil la te genyen nan lavi moun ki te kwè yo.

### 1. Pouvwa Apòt Yo

Sovè a te nonmen apòt yo kòm anbasadè l'. Li te rele yo, e li te ba yo otorite pou yo sèvi l' kòm reprezantan l' devan lèzòm. Yo te sèvi kòm sant legliz la te grandi toutotou li a. Se sou zèpòl yo devwa pou bay temwayaj Kris la te tonbe, epi pou tabli levanjil la nan legliz la. Pi gran mak Legliz primitiv la, se jan apòt yo te konpòte yo, e se konsa legliz la te ye tou.

Kris te deja pwomèt apòt yo l'ap voye pouvwa pou yo, pa mwayen Sentespri a. Pwomès sa a te konpli jou Lapannkòt la, men manifestasyon sa a pat fini la. Paske menm apre jou Lapannkòt la, apòt yo te kontinye montre pouvwa Sentespri a, nan odas yo tankou nan temwayaj yo byen klè, kòm nan mirak yo yo te fè. Ministè sa a ki te anba Sentespri a, se sa ki te leve legliz la.

## 2. Linyon Legliz La

Yonn nan fas ki trè vizib nan legliz primitiv la, se Lespri linite li te genyen an. Kretyen sa yo se te yon seri moun ki te genyen renmen Bondye tout bon nan lavi yo. Alò, kote renmen Bondye ye, renmen pou pwochen an dwe egziste tou, e ankò espesyalman renmen anvè sa yo ki genyen la fwa nan Kris la tou. Renmen sa a nan legliz primitiv la li te manifèste nan lavi ak adorasyon linyon pami kretyen yo.

Te deja gen plis ke mil kretyen, men yo menm yo te kenbe dezi yo pou rete ansanm nan adorasyon Kris ki leve vivan nan lanmò a. Konsa yo te reyini chak jou nan yonn nan chanm espesyal nan tanp yo. Apre sa tou, yo te reyini pa ti gwoup nan kay kèk frè, pou selebre Lasent Sèn nan. Malgre yo pat kapab reyini tout ansanm nan tout aktivite yo, yo te toujou ini nan Sentespri pa lapriyè.

Prèv ki pi gran sou renmen yonn gen pou lòt la, li te parèt klè, lè yo deside pataje tout pwopyete yo. Paske gen kèk nan frè yo ki te pòv. Epi san dout te gen kèk lòt nan yo se peleren ki te soti byen lwen, ki te vin lavil Jerizalèm nan fèt yo, e yo te rete pou aprann plis sou Jezi. Lòt nan yo pou byen di se te moun nan klas pòv imilye nan sosyete lavil Jerizalèm nan. Epi touswit tout moun sa yo te vin konvèti nan moun ki gen nesesite, pi plis toujou paske yo te dedye pi fò nan tan yo nan adorasyon ak kamaradri kretyen. Lespri linite ki te gen pami yo a te tèlman gen fòs nan jou sa yo, moun ki te genyen pwopyetè yo pat konsidere se te byen pa yo yo te ye sèlman. «Tou moun ki te kwè yo t'ap viv ansanm yonn ak lòt. Yo te mete tou sa yo te genyen ansanm» (Travay 2:44). Anpil nan yo te vann byen yo pou yo te bay apòt yo lajan an pou separe l' ak sa yo ki te nan bezwen.

Gen kèk moun ki rele sa a yon pratik kòminis. Malgre nou dwe pratike pawòl sa vrèman, men nou dwe demontre diferans pratik sa a legliz primitiv la te genyen an avèk kòminis Maksis la. Se petèt de sistèm sa a yo kapab gen kèk resanblans an komen, men reyèlman yo gen anpil diferans ki gen pòtans. Premye kretyen yo te rekonèt dwa yon moun genyen pou posede yon pwopyetè; sepandan kòminis modèn nan pa vle rekonèt sa. Premyè kretyen yo te pratike kòminis yo a nan yon fòm antyèman volontè; kòminis Maksis la mete sa kòm yon obligasyon pou tout moun. Premyè kretyen yo t'ap montre renmen yonn pou lòt senpleman, yo t'ap ede frè ki te nan bezwen rezoud pwoblèm yo; sepandan kòminis Maksis la ap chache rezoud tout pwoblèm yo nan lemonn pa mwayen yon patisipasyon richès egal. Sou tout diferans sa yo, nou dwe ajoute kòminis modèn nan pa konn Bondye. E nou wè sa a se yonn nan bagay ki kòz anpil mechanste nan lemonn. Men okenn nan mechanste sa yo pat soti nan sa yo te konn praktike nan legliz primitiv la.

## 3. Legliz Ak Pèp La An Jeneral

Nan premyè jou sa yo, legliz la pat genyen anyen ki te te bay yo lap pè pou pèp Jwif la. Mirak Lapannkòt la te kite yon enpresyon byen pwofon ki bay kè sote ak perèz. Menm sa yo ki pat asepte levanjil la, yo te rive afekte.

Predikasyon apòt yo te touche kè anpil nan yo. Se pa yon bagay ki te pase sèlman nan jou espesyal yo tankou jou Lapannkòt la o jou yo te geri mandyan enfim nan, lè Sentespri a te touche kè anpil nan yo. Tout okontrè, se te yon esperyans chak jou moun yo t'ap konfese anko lafwa yo te genyen, epi yo te gen anpil dezi pou antre nan kominote kretyen an.

## KEKSYON SOU ETID LA

1. Ki travay apót yo te konn fè nan pwemye moman nan legliz la?
2. Kisa ki montre linite premyè kretyen yo te devlope a?
3. Fè yon deskripsyon sou kòminis legliz primitiv la, e konpare li avèk kòminis Maksis la.
4. Kisa Jozèf Banabas te fè?
5. Ki atitid pèp lavil Jerizalèm nan annegad legliz nan jou sa yo?

## POU ETID SIMPLEMANTÈ

1, Kòman ou ta kapab aplike sistèm jan legliz primitiv la te pataje byen yo jounen jodi a?

# CHAPIT 33
## ANANYAS E SAFIRA

Li Travay 5:1-16

## KEKSYON POU PREPARASYON

1. Ki kalite peche Ananyas e Safira te fè?
2. Poukisa pinisyon peche yo a te sevè konsa pou yo?

## ENTWODIKSYON

Imaj Lik prezante sou legliz primitiv la se tankou yon bagay prèske pafèt nan lide li. Vwè amou kretyen yo te genyen nan kè yo te bayo pouvwa pou yo te ka prezante levanjil la avèk pisans, vin sèvi kòm yon bi legliz la vle acheve. Sepandan legliz nou yo pa janm pafèt, e se konsa legliz primitiv la te ye. Satan pa sèlman atake depi deyò legliz la, osinon li vle kraze li anndan l' tou.

## 1. Peche Ananyas E Safira A

Satan te atake legliz la depi nan peche Ananyas e Safira a. Nou dwe konprann byen sou kisa peche sa a baze. Se pa tout afè egoyis sèlman. Yo pat genyen okenn obligasyon ki fè yo te vann teren yo a, apre yo te fin vann li, yo pat gen pou pote lajan an nan legliz nonplis. Nou pa kapab akize yo se vòlè pou sa, paske lajan an se pou yo li te ye.

Pyè te akize yo paske yo bay Bondye manti e yo tante Lespri Bondye. Kisa akizasyon sa a vle di? Presizeman, anvan Lik pale sou istwa Ananyas ak Safira a, li rakonte yon donasyon Jozèf Banabas te fè. Li rakonte l' posibleman pou montre sa te yon vrè sakrifis ak kè kontan. Kwak Banabas pat fè li avèk entansyon sa a, men sa te fè tout lòt kretyen yo pale byen sou li. Ananyas ak Safira te vle gen menm repitasyon Banabas la tou, pou yo ta kapab konsidere yo tankou manm ki genyen anpil valè nan legliz la. Men tou yo te vle rive genyen pozisyon sa a, san yo pat peye chè pou sa. Se pou sa tou yo te dakò pou di teren an te vann nan yon pri pi ba pase vrè pri a. Osinon yo t'ap fè ipokrit. Se sèlman yon aparans yo te vle bay pou montre pitye ak devosyon yo te genyen pou moun pòv yo. Posibleman yo te panse sèlman fè lèzòm wè, men yo t'ap jwe avèk bagay Bondye an menm tan. Yo te ofri Bondye yon ofrann ki pat diy, ofrann sa a te gen yon tach manti ladan l'.

## 2. Chatiman Yo

Chatiman sa a Bondye te fè tonbe sou pechè sa yo kapab parèt twò di devan je moun ki pa kretyen. Si Bondye ta rive pini tout ipokrit yo avèk lanmò, legliz nou yo nan jounen jodia ap pèdi anpil nan manm yo. Si Bondye ta rive pini nou avèk lanmò paske nou bay Bondye lajan ke an verite nou te renmen sere pou nou, anpil nan nou pa t'ap isit la kounye a. Alò, poukisa donk, Bondye te pini Ananyas ak Safira nan fason sa a?

Nou dwe fè ou sonje malgre legliz la te grandi rapid, men li te tou pitit toujou. Leta pat ede li, ni pwoteje li. Epi touswit yo te dwe fè fas a yon gran pèsekisyon. Yon sèl bagay ki te fòs legliz primitiv la se te sentete li. Prezans ipokrit yo anndan legliz la, t'ap fè l' vin fèb anpil. Alò, se pou sa Bondye te pini Ananyas ak Safira avèk lanmò, pou l' ka defann legliz la devan ipokrit yo. Konsa li vin pi fò pou te kapab reziste anba pèsekisyon an.

## 3. Konsekans La

Pinisyon an te mennen konsekans yo t'ap chache a. Kwak apòt yo te kontinye ap fè mirak yo, kwak kretyen yo menm te toujou reyini chak jou nan tanp la nan galeri Salomon an, sepandan «Tout lòt moun te pè mele ak yo» (5:12). Konsa si se pa Senespri ki te touche kè yo vrèman, yo pat vle antre nan tanp la pou pataje ak yo akòz repitasyon yo te genyen nan mitan pèp la an jeneral. Konsa sak te pase Ananyas ak Safira a te dekouraje nenpòt ipokrit ki konsyan pou l' ta fè yonn ak kretyen yo. Sepandan, sila yo ki te konvèti tout bon vre yo te antre e mete tèt yo ansanm ak yo, «Anpil moun, fanm kou gason, t'ap vin jwenn disip yo paske yo te kwè nan Seyè a» (Travay 5:14).

Moun ki te kretyen yo pat wè jijman Bondye a sèlman, men yo te wè mizèrikòd li tou. Fason Lik rakonte jan yo te mennen moun malad yo bay apòt yo, sa fè nou sonje bann malad yo te konn mennen bay Jezi yo.

Epi sak pi bon an, apòt yo te geri yo tout. Sa se prèv tou ki montre travay Jezikri yo te kontinye reyalize nan disip yo. Nou jwenn prèv nan pati sa tou, Bondye ki te chatye Ananyas ak Safira a, se te yon Bondye ki gen mizèrikòd tou. Paske se te enpòtan pou pwòpte legliz la te rete entak, li te nesesè pou sèvis la kontinye nan legliz la pou montre renmen yo gen nan kè yo pou Bondye tou.

## KEKSYON SOU ETID LA

1. Kisa Ananyas ak Safira te fè?
2. Ki peche yo te komèt?
3. Nan ki fason yo te dekouvri peche yo a?
4. Kisa ki te rive yo?
5. Poukisa yo te pini yo sevè konsa?
6. Ki konsekans peche sa a te genyen?
7. Ki misyon apòt yo te genyen pou yo te kontinye?

## POU ETID SIMPLEMANTÈ

1. Kisa leson sa a montre nou sou disiplin legliz la?
2. Eske li posib pou genyen yon legliz ki pa gen ipokrizi? Bay opinyon ou sou sa.
3. Ki avètisman pèsonèl leson sa a fè nou?

# CHAPIT 34

## LI NESESE NOU OBEYI POU BONDYE

Li Travay 5:17-42

## KEKSYON POU PREPARASYON

1. Kòman Bondye te demontre pouvwa li apre yo te arete apòt yo?
2. Poukisa yo te bat apòt yo e yo pat touye yo pito?

## ENTWODIKSYON

Gran Konsèy la te repwoche Pyè ak Jan paske yo pat sispann preche nan non Jezikri. Sak te pi atake sa, se te sadiseyen yo, espesyalman chèf prèt yo ki te fache plis paske yo t'ap preche sou Kris ki te leve vivan soti nan lanmò a. Yo te deside arete mouvman sa a ki te pwoklame Jezi se Kris la. Men apòt yo te kontinye preche levanjil la. Si predikasyon yo pa te gen yon gran repons bò kote pèp la, posibleman sadiseyen yo pa ta fè dezobyisans apòt yo ka. Men se pat konsa; enfliyans apòt yo te vin pi gwo chak fwa pi plis. Foul moun ki te antoure apòt yo te ogmante an gran kantite, amezi mesye sa yo te kontinye misyon gerizon yo. Anfen, chèf prèt yo ak sadiseyen yo deja pat kapab sipòte plis, epi yo pase lòd pou yo arete apòt yo.

### 1. Antre E Soti Nan Prizon An

Yo te arete apòt yo mete yo nan prizon piblik la. Epi demen maten yo ta pral jije yo. Men pandan lannwit la Bondye te pran pa nan zafè sa a. Li te voye yon zanj pou lage yo nan prizon an, e li te di yo pou yo tounen nan tanp la pou kontinye preche levanjil la. Kounye a lè li vin fè jou, Gran Konsèy la te reyini, Chèf prèt la li menm pase lòd pou yo mennen prizonye yo devan li. Men yo pat jwenn mesye yo okenn kote, kwak tout lòt bagay yo nan kazèn nan te an lòd. Se petèt prèt yo te panse ke te gen kèk aranjman ki te fèt ant gad yo ki te patizan apòt yo ansekrè. Pita, se te yon gran sipriz pou yo, lè yo pran nouvèl prizonye yo te nan tanp la ankò ap preche moun yo. Yo te voye gad yo pou mennen yo toune. Men fòk yo travay ak anpil swen paske tout moun yo te an favè apòt yo. Si yo te reziste, posibleman yo pa ta kapab arete yo. Men apòt yo te ale ak gad yo byen trankil jouk yo rive kote asanble a te ye a.

Lè yo prezante apòt yo devan Granprèt la, li te mande yo kòman yo te rive dezobeyi lòd yo te resevwa a. Repons la se te menm sa yo te di anvan an. Nonm sa yo te konpwomèt pou obeyi Bondye sèlman. Yon lòt fwa ankò yo tande temwayaj apòt yo nan Gran Konsèy la jan Bondye te leve Jezi yo te kondanne a vivan nan lanmò. Disip yo te sèvi temwen pou wè lè Kris la te monte nan syèl la, epi nou wè tou, Sentespri Bondye a t'ap bay temwayaj sou Kris la, lè l' vin sou moun sa yo avèk pouvwa li pou fè yo mete konfyans yo nan Kris la.

## 2. Gamalyèl

Temwayaj odas sa a apòt yo te bay la ofanse prèt yo tèlman ke yo te deja dispoze pou touye yo nan menm lè a. Men, malgre sadiseyen yo te genyen plis moun nan konsèy prèt la, yo pat kapab pran desizyon an san konsantman farizyen yo, pwiske farizyen yo te gen pi gran popilarite nan pèp la. Espesyalman nan yon ka parèy tankou sa a, alò li te nesesè pou koute opinyon farizyen yo, paske prizonye yo te gen anpil moun nan pèp la ki te an favè yo. Gamalyèl, yonn nan chèf prensipal pami farizyen yo, te mande pou prizonye yo soti e li te pale ak konsèy prèt la.

Gamalyèl te bay zanmi kanmarad li yo nan asanble konsèy pou yo pat pran okenn desizyon vyolant kont apòt yo. Opinyon li te bay annegad kalite relijyon sa a, li ta pi bon si yo ta kite yo an pè. Konsa si se nan lèzòm li soti, nan tou fason l'ap echwe kanmenm. E si se nan Bondye li soti, lè yo leve kont yo se Bondye y'ap opoze. Pa gen okenn rezon ki egziste pou panse ke Gamalyèl se te yon kretyen an sekrè o ki te dakò avèk anseyman apòt yo. Men pou pi byen di, se te yon nonm pridan ki te bay yon bon konsèy.

Gran Konsèy la te asepte sa Gamalyèl di a. Yon fwa ankò yo te pase apòt yo lòd pou yo pat tounen preche nan non Jezi. Epi fwa sa a yo te fè yo repwòche la avèk kèk kout fwèt—li posib se 39 kout fwèt ki te limit yo te gen koutim bay moun. Men sa pat afekte kouraj disip yo. Yo te vire do bay asanble a, yo te rejwi poutèt yo kapab soufri pou Kris la. Yo te konprann ni, tankou Pòl te ekri apre «Paske nou menm k'ap sèvi Kris la, Bondye fè nou favè sa a, non sèlman pou nou gen konfyans nan li, men pou nou ka soufri avè li tou» (Fil. 1:29 v.p.) Konsa yo te kontinye preche e anseye sou Kris, nan lakou tanp la, tankou nan kay prive yo.

## KEKSYON SOU ETID LA

1. Poukisa yo t'al arete apòt yo?
2. Nan ki fòm yo te lage?
3. Kòman yo te arete yo dezyèm fwa?
4. Kisa ki te enkyete chèf prèt la?
5. Poukisa apòt yo te dezobeyi lòd asanble a?
6. Ki sak te fè asanble a pat touye apòt yo?
7. Fè yon ti rezime sou rezonnman Gamalyèl la.
8. Ki siksè konfwontman ant apòt yo ak asanble a te genyen?

## POU ETID SIMPLEMANTÈ

1. Fòmile yon lis sitiyasyon sou lavi a jodia kote dezobyisans apòt yo anvè asanble a kapab konsidere tankou yon egzanp pou nou.
2. Jouk nan ki pwen opinyon Gamalyèl te bay la te bon pou kontinye (Travay 5:38-39)?
3. Ki inpòtans konpòtman apòt yo genyen devan gouvènman, lè nou konsidere sa liv Romen di nou. Wòm 13:1-7

# CHAPIT 35

## SET GASON KI GEN BON TEMWAYAJ

Li Travay 6:1-7

## KEKSYON POU PREPARASYON

1. Poukisa yo te bezwen nouvo ofisye nan legliz la?
2. Ki klas moun yo te chwazi?

## ENTWODIKSYON

Legliz primitiv la te dwe fè fas non sèlman ak pèsekisyon lidè Jwif yo, sinon ak tout pwoblèm ki te parèt nan gwoup kretyen yo tou. Premyè pwoblèm entèn nan se te peche Ananyas e Safira a. Yo te fini ak li rapid e definitivman. Men li pat pase anpil tan anvan yon lòt pwoblèm te parèt ankò.

### 1. Pwoblèm Nan

Pèp Jwif la te divize nan de gwoup. Yonn se te gwoup Jwif Palestin yo, e yo te rele Ebre tou. Moun sa yo te pale lang arab e yo pat asepte koutim moun k'ap sèvi fo dye alantou yo pami yo. Dezyèm gwoup la se te Jwif ki te dispèse yo, osinon, sak te viv nan peyi moun k'ap sèvi fo dye yo, e yo te rele yo Jwif Grèk. Yo te pale lang Grèk e yo te adopte anpil nan koutim pèp yo kote yo t'ap viv la.

Anpil fwa Ebre ak Grèk yo yonn pat konprann lòt. Te gen kretyen nan chak gwoup sa yo epi touswit diferans yo te parèt pami yo. Diferans sa yo te prezante lè Jwif Grèk yo te pote plent sou vèv ki pat jwenn manje ak lajan yo, yo t'ap separe bay chak jou yo.

## 2. Solisyon An

Yo te prezante pwoblèm sa a imedyatman devan apòt yo, paske se yo menm sèl ki te la kòm ofisye nan legliz la. Plent sa a mete apòt yo nan yon pozisyon difisil anpil. Yo te dwe gen asirans si yo t'ap pran swen tout vèv yo menm jan nan yon fason egal. Men pou yo te fè sa pou kont yo menm, sa ta tèlman pran anpil tan, epi li pa ta ba yo tan ni pou yo reyalize devwa prensipal la nan travay yo, tankou lapriyè e preche. Nan fason sa a yo te mande pèp la pou yo chwazi sèt nèg ki pou fè distribisyon sa a chak jou.

Apòt yo te siyale kèk kondisyon moun sa yo dwe genyen pou yo te kapab ranpli fonksyon sa a. Yo dwe se moun ki gen bon temwayaj, pou pèsonn pa ka doute sou onètete yo ak bon jijman yo. Yo dwe se moun ki gen sajès, paske asireman ya gen pou rezoud kèk gwo pwoblèm serye. Epi tou yo dwe se moun ki anba Lespri Bondye, paske travay yo pral fè a se travay Bondye li ye.

Se legliz la ki te chwazi nonm sa yo epi apre yo te mennen yo devan apòt yo, yo te enstale yo nan nouvo ofis yo pa lapriyè ak poze men sou yo. Nan tout lekriti yo, poze men an vle di fè transfè yon bagay. Nan ka sa a, apòt yo te fè tranfè yon pati nan dwa otorite Kris te bay yo a, yo te pase yon pati bay nonm sa a yo tou nan travay li a.

Selon non sèt gason ki te eli yo, nou wè yo tout se moun nan gwoup Grèk la yo ye. Yonn, se te Mikola Antioch, se te yon pwoselit, oswa yon moun lòt peyi ki te konvèti nan gwoup Jwif yo. Nou wè nan eleksyon nouvo ofisye sa yo legliz la kòmanse ap grandi depi nan lavil Jerizalèm jouk nan dènye pwent latè.

## 3. Legliz La Ap Grandi

Nan lavil Jerizalèm, legliz la te kontinye grandi. Te gen anpil prèt pami konvèti yo. Lè sa yo te rive vin kretyen tout bon, yo pat vire abandonne travay prèt yo a, osinon yo t'ap kontinye sèvi nan tanp la. Konsa legliz la te gen anpil linyon nan tanp lavil Jerizalèm nan ak nan ansyen relijyon Jwif la. Men nouvo diven an pat kapab sere nan vye vèso ki fèt an po vye a. Alafen legliz la ak tanp la pral gen yon divizyon. Rit nan relijyon Jwif yo pat kapab fonksyone nan legliz Nouvo Testaman an.

## KEKSYON SOU ETID LA

1. Kilès moun yo te ye: A) Grèk yo, B) Ebre yo te ye?
2. Kisa ki te kòz diskisyon nan legliz la?
3. Pouki travay apòt yo te vle rezève tan yo ak efò yo?
4. Ki klas nonm yo te bezwen pou «sèvi nan tab la»?
5. Kòman yo te chwazi mesye sa yo?
6. Poukisa apòt yo te poze men sou yo?
7. Kisa nou aprann sou non sèt nonm sa yo?
8. Ki siksè ki te genyen nan legliz la lè yo te rezoud pwoblèm nan?

## POU ETID SIMPLEMANTÈ

1. Sèt nèg yo te chwazi yo pafwa yo rele yo premye dyak yo. Fè yon konparezon sou travay premye dyak sa yo, avèk dyak legliz ou.
2. Kisa Bib la di sou dyak yo nan legliz la?

# CHAPIT 36

## ETYÈN

Li Travay 6:8-8:11

## KEKSYON POU PREPARASYON

1. Poukisa yo te jije Etyèn?
2. Ki pwen prensipal mesaj Etyèn nan te genyen ladan l'?
3. Kòman Etyèn te mouri, e kòman li te fè fas ak lanmò a?

## ENTWODIKSYON

Nan lis sèt moun yo te chwazi pou sèvi nan tab yo, Etyèn te parèt kòm premye. Yo fè yon deskripsyon sou li tankou yon «Nonm ki te gen konfyans nan Bondye epi ki te anba pouvwa Sentespri» (Travay 6:5). Yon nonm konsa, asireman li te toujou okipe nan travay Seyè a. Apre devwa sa yo li te genyen yo pou nouvo ofis li a, Etyèn te konn preche e fè mirak tou. Se anvi sa a li te genyen pou pwoklame levanjil la ki fè li pase kòm premye mati kretyen yo.

### 1. Arestasyon Li

Amezi Etyèn t'ap preche levanjil la, se konsa tou li te jwenn moun ki te opoze kont li tou. Opozisyon sa a te vin soti bò kote Jwif «Grèk» yo nan plizyè sinagòg, menm nan sinajòg moun «sa ki lib yo». Sinagòg sa pwobableman te fonde ak moun ki te esklav lib o desandan yo, nou pa konnen byen. Lè yo wè yo pat kapab kovenk li ak lide pa yo, yo te mennen li devan Gran Konsèy Prèt la.

Moun ki te lenmi Etyèn yo te fè aranjman yo pou jwenn plizyè moun kont Etyèn, e yo te peye kèk moun pou di, «Nou tande l'ap blasfème kont Moyiz ak Bondye» (Travay 6:11). Kwak moun sa yo se fo temwen yo te ye, men yo pat akize Etyèn sou sa l' pat di. Si yo ta fè l' konsa, Etyèn ta refize akizasyon yo. Yo te tòde pawòl yo pi byen pou ba l' yon sans ki gen anpil diferans ak sa Etyèn te vle di a. Se te nan fason sa a yo te akize l' pou di li te kont lalwa e tanp la.

Akizasyon yo bay kont Etyèn nan te sanble anpil ak sa yo te bay sou Jezi a, lè yo te mennen l' devan Gran Konsèy la. Sa montre ke Etyèn te preche menm mesaj tankou mèt li. Lòt disip yo te fè sa tou, men sanble ke Etyèn te wè pi klè ke levanjil Kris la egzije anpil chanjman radikal nan adorasyon e nan lavi pèp Bondye a. Se poutèt sa li te manifeste li avèk tout klète, yo te akize'l, sepandan yo pat akize lòt disip yo.

## 2. Repons Li

Etyèn pat menm defann tèt li pou akizasyon an yo te fè'l. Li te reponn tou sa yo di a pou demontre sa li te preche a se egzakteman sa Ansyen Testaman an egzije.

Nan repons Etyèn, li te pale sou twa pòsyon diferant nan istwa Ansyen Testaman an. Premyèman, li te mansyone peryòd granpapa yo (Travay 7:1-16). Pita, li te pale sou Moyiz ak lalwa (7:17-43). Pou fini, li te pale sou tant la ak tanp la (7:44-50). Li te fè yon revizyon jeneral nan istwa Ansyen Testaman an pou apwouve yo li pat blasfème kont lalwa ni kont tanp la.

Lenmi Etyèn yo te akize l' e yo te di anseyman Jezi Nazarèt ap chanje koutim Moyiz te tabli yo. Etyèn te fè yo sonje lè Moyiz te bay Jwif yo lalwa Bondye a, yo te refize l', e yo t'ale lwen Bondye, yo t'al sèvi zidòl. Menm jan tankou Jwif yo te refize Moyiz nan dèzè a, konsa tou desandans li yo te refize Jezi sou moun Moyiz te dekalre a, «Bondye gen pou l' voye yon pwofèt ban nou tankou li te voye m' nan, se va yonn nan frè nou yo» (Travay 7:37). Etyèn montre Jwif yo ke menm jan yo refize Kris la se konsa yo te refize Moyiz tou.

Pou l' reponn akizasyon an li te pale kont tanp la, Etyèn te fè yo sonje ke jouk jou Moyiz yo, pèp Bondye a pat gen okenn kote espesyal pou y adore Bondye. Li te fè yo sonje ke depi jou Moyiz yo jouk nan jou Salomon yo, pèp Bondye a te adore li nan yon tant. Epi li montre yo ankò Ansyen Testaman an anseye: «Men, Bondye ki anwo nan syèl la pa rete nan kay moun bati ak men yo», (Travay 7:48). Sak te gen inpòtans la se pat tanp la, men se adore Bondye ak tout kè ou.

Pandan tout diskou l' la, Etyèn t'ap fè yo sonje zansèt yo te refize sèvitè Bondye yo chak fwa li te voye yo kote yo. E nan konklizyon mesaj la li di yo byen klè, ke pou yo pa janm konfonn, «Nou fèmen zoryèy nou bay Bondye, n'ap kenbe tèt ak Sentespri toujou. Nou tankou zansèt nou yo»

(7:51). Etyèn pa t'ap defann tèt li, li t'ap atake, e l' te rele moun ki t'ap koute l' yo tounen Bondye.

## 3. Lanmò Li

Men moun ki t'ap koute l' yo pat repanti nan sa yo tap fè. Tout okontrè: yo te leve pou fini ak lavi jenn predikatè ki gen anpil odas sa a. Krim nan te parèt nan je yo, men Etyèn pat wè sa li menm. Pase l' te wè sa, li t'ap fè vizyon Jezikri ki chita bò kote dwat Papa Bondye. Lè l' te di sa, moun yo te wete l' nan vil la ak vyolans pou yo mennen l' kote yo konn touye moun yo kondanne yo, epi yo te lapide l'. Pandan yo t'ap lapide l', ak kout wòch pou touye l', premye mati a, li te remèt konfyans nanm li nan men Sovè li e li te mande l' nan lapriyè pou l' padonnen moun sila yo ki t'ap touye l' la.

Sou istwa lanmò Etyèn nan sa a, Lik fè yon kòmantè pou prepare nou pou demen, «Moun ki t'ap akize Etyèn yo te depoze rad yo nan pye yon jenn gason yo te rele Sòl. Sòl menm te dakò pou yo touye Etyèn» (Travay 7:58-8:1). Nou prezante nou Sòl pou premyè fwa la a, li menm anvan lontan ki pral tounen yon pèsekitè fanatik ki lage dèyè disip yo, epi pita ki pral vin yon ewo imen nan istwa misyonè Lik la.

## KEKSYON SOU ETID LA

1. Poukisa Etyèn te gen pi plis opozisyon kont li pase lòt disip yo?
2. Ki akizasyon yo te fè kont Etyèn?
3. Kòman Etyèn te defann tèt li nan chak akizasyon sa yo?
4. Di nan yon fraz kisa Etyèn te di sou Abwaram.
5. Rezime nan yon fras tout sa Etyèn te di sou Jozèf.
6. Rezime nan yon fraz tout sa Etyèn te di sou Moyiz nan: a) Travay 7:17-22; b) 7:23-29; c) 7:30-34; 7:35-43.
7. Rezime nan yon fraz tou sa Etyèn te di sou tant la e tanp la.
8. Ki vizyon Etyèn te fè?
9. Ki akizasyon Etyèn te prezante kont Jwif yo?
10. Ki patisipasyon Sòl te genyen nan lanmò Etyèn nan?

## POU ETID SIPLEMANT

1. Fè konparezon jijman e lanmò Etyèn avèk jijman e lanmò Kris la.